KB066244

학교가 시작하라

-미래를 위한 변화-

학교가
시작하라

변화하는 학교 ESBZ의 부추김

마르그레트 라스펠트·슈테판 브라이덴바흐 지음 | 류동수 옮김

에듀니티

지금 여기,
나부터 시작하는 변화를 향한 출발

이 책의 저자인 마르그레트 라스펠트(ESBZ 설립자, 아쇼카 독일 펠로우)와 저의 인연은 2018년으로 거슬러 올라갑니다. 2016년, 아일랜드에서 열린 〈체인지 메이커 교육 서밋ChangemakerED Summit 2016〉에서 그녀를 만난 많은 분들이 제게 그분의 메시지가 얼마나 묵직하고 강력했는지 전해주었습니다. 2018년 여름, 제가 몸담고 있는 '아쇼카 한국'이 기획, 운영하는 교육혁신가 커뮤니티 플랫폼 〈미래를 여는 시간〉이 주최하는 교육 포럼에 그대로 초청하게 된 배경이죠. 유럽과 서구의 교육이 우리보다 앞서 있다는 고정관념이 여전한 가운데 국내 실정에 맞지 않는 해외 프로그램들을 앞다퉈 도입하고 실패를 반복하던 시기였습니다. 저희는 학교 밖의 상황이나 해외 사례에 의존하지 않고, 학교 안에서 '다음 세대'를 위해 어른들이 할 수 있는 일을 찾는 것에 집중할 필요가 있다고 생각했습니다. 그래서 마르그레트와 ESBZ의 존재를 한국에 전하고 싶었습니다.

그녀의 방한 당시 제가 인상 깊게 느낀 것은 크게 두 가지였습니다. 그녀는 ESBZ 학생 두 명과 함께 왔는데 이 학생들과 정말 격의 없는 사이였습니다. 교장 선생님과 졸업생, 재학생이 각각 자신의 입장에서 〈변화하는 학교〉의 이야기를 들려주는 것이 포럼의 콘셉트여서 마르그레트는 학생 두 명과 포럼 전후 일정을 함께했는데요, 사나흘 이상 함께 지내는 동안 저는 그녀가 표어처럼 강조해온 "21세기의 학교에서는 인간이 중심이다"라는 말의 의미를 실감할 수 있었습니다. 끊임없이 두 학생을 지지하고 격려해주며, 그들을 무대의 주인공으로 세우는 그녀의 모습에 권위 같은 건 전혀 찾아볼 수 없었습니다. 학생들을 하나의 인격체로 그리고 진정한 '변화의 주체'로 세워주었죠. 실제 학교 현장에서 그녀의 모습 역시 다르지 않을 거란 걸 확신할 수 있었습니다.

그리고 또 한 가지는 나이를 무색케 하는 열정이었습니다. 학부모들, 교장선생님들, 그외에 다양한 교육 혁신가들을 만나는 매 순간마다 한 치의 망설임도 없이 자신의 노하우와 철학을 아낌없이 나누어주는 그녀의 모습은 그야말로 열정 그 자체였습니다. 자신이 확신하고 있었던 방식의 교육혁신을 시작하기 위해 교장이 될 날을 기다렸다는 그녀에게 교육혁신은 인생을 통째로 바친, 그녀의 '전부'인 듯했습니다. 그녀는 사람들에게 기다리지 말고 당장 시작하라고 부추기기 위해 전 세계를 뛰어다니고 있습니다.

우리가 함께한 짧은 시간 동안 저는 그녀가 만들어가고 있는 이 교육 혁신의 흐름에 확신을 갖게 되었습니다. 39년을 교직에 몸담으며 철학을 삶으로, 비전을 실행으로 만든 그녀가 혼신을 다해 만든 이야기는 우리가 그 운동에 동참하기에 충분한 힘이 되어줄 수 있겠다고 생각했습니다. 그 생각은 당시 〈미래를 여는 시간〉 플랫폼 안에서 함께 대한민국의 패러다임 전환을 위해 고민했던 (주)에듀니티와 이 책의 한국어판 출간을 도모하는 것으로 이어졌습니다. 『학교가 시작하라』는 그렇게 탄생했습니다.

이 책을 읽으시면 잘 알게 되시겠지만 마르그레트와 ESBZ의 교육혁신이 국내에서 갖는 의미는 크게 다음 두 가지입니다.

먼저, 20세기 학교의 한계를 넘어설 21세기 학교가 나아갈 방향과 그 모델을 제시했다는 점입니다. 현재 우리가 당면한 교육의 수많은 이슈는 결국 20세기 학교의 시스템 문제라는 마르그레트의 의견이 이 책에 잘 드러나 있습니다. 우리가 교육선진국이라고 생각해왔던 독일 역시 "누가 더 우수하거나 더 우수해져야 한다는 식의 분위기"를 가지고 있으며 아이들을 "개인적으로 애쓰는 자세를 가진 존재로 여겨지지 않고, 성과를 내야 하는 존재"로 보고 있다는 지적에 놀랄 독자가 적지 않을 거라 생각합니다. 심지어 독일 부모가 과외 수업에 지출한 돈이 연간 15억 유로(2014년 기준)라는 사실은 충격적이기까지 합니다.

『학교가 시작하라』는 이 시대의 모든 학교가 직면해 있는 교육의 여러 현안들이 모두 '이제는 학교가 21세기를 준비하지 않으면 안 된다'고 하는 것을 기본 명제로 받아들이도록 우리를 이끌고 있습니다. 그렇다고 지금까지 우리 교육이 이끌어온 번영과 발전을 부정하라는 의미는 아닙니다. 이제는 그것을 넘어서서 다가올 미래에 맞는 새로운 학교의 모델을 찾아야 한다는 것입니다. 저자 마르그레트는 이 책을 통해 지난 20년이 넘는 시간 동안 ESBZ가 실험해온 다양한 시도들이 어떻게 21세기형 학교의 기초를 닦을 수 있는 기틀이 되어주었는지를 잘 안내하고 있습니다.

두번째 의미는, 그녀가 제안하는 교육혁신은 학교가 먼저 시작하지만 학교를 중심으로 다양한 교육 생태계(학생, 지역, 학부모, 기업, 대학)가 함께 움직이는 모델을 제시하고 있다는 점입니다. 먼저 학교는 시스템을 바꾸어 교사들이 마음 놓고 혁신 교육을 감행할 수 있도록 돕습니다. 학생들은 각자가 '교육전문가'로 활동하며 직접 자신의 교육과정과 본인이 받은 영감을 학교 밖 다양한 그룹에 공유합니다. 지역사회도 가만히 있을 순 없겠죠. <변화하는 학교>의 확산을 위해 독일 안에서는 서른 개가 넘는 지역 공동체가 형성되었고, 이런 움직임이 대대적으로 독일 안팎으로 확산되도록 하는 활동을 펼치고 있습니다. 학부모는 누구보다 큰 지지자입니다. 학교에는 학생들을 도울 일을 찾으려는 학부모들이 날마다 찾아옵니다. 기업 역시 학생들의 변화에 주목하고 있습니다. 다양한 기업 관계자들이 학생들의 사례 발표를 들으러 옵니다. 학생들이 진행하는 워크숍에 참여하여 교육혁신의 결과들을 직접 체감하며 이후의 방향을 함께 논의해나갑니다.

결국 교육혁신은 그 누군가서부터가 아니라 '나로부터' 시작한다는 마음의 변화가 중요하다는 얘깁니다. 모든 사회 구성원이 교육 관계자이며 우리가 함께 움직이는 것이 얼마나 중요한지를 이야기하는 마르그레트의 확신에 찬 목소리가 이 책을 통해 울려 나오는 듯합니다.

'아쇼카 한국'의 <미래를 여는 시간>이 이 책의 한국 출판을 대하는 마음은 좀 더 각별합니다. 전 세계 가장 뛰어난 혁신가 네트워크인 '아쇼카'의 비전은 세상의 문제보다 문제 해결자가 더 많은, 이른바 '모두가 체인지메이커Everyone a Changemaker'인 세상을 꿈꾸고 있습니다. 이 비전의 실현은 모든 사람이 자신을 세상을 변화시킬 '체인지메이커'로 인식하는 데서 출발한다고 믿고 있지요. 마르그레트 역시 "꿈꿀 수 있는 용기, 그리고 책임을 지는 용기가 이것을 가능하게 할 것"이라고 말합니다. 그리고 우리의 다음 세대들이 이 용기를 가질 수 있도록 "아이들로 하여금 남다른 능력을 빛나게 할 용기를 발휘할 수 있도록 우리 어른들은 길을 열어주어야 한다"라고 우리를 부추기고 있습니다. 그리고 그것은 지금 당장 학교로부터, 학교 구성원인 교사와 학부모로부터 혹은 시민인 당신으로부터 시작되어야 한다고 말하고 싶습니다.

　　이 책을 읽는 여러분도 세상을 변화시킬 그 출발점에 함께하길 진심으로 응원합니다.

2019년 아쇼카 한국 〈미래를 여는 시간〉

커뮤니티 & 콘텐츠 디렉터 김수향

사랑하는 한국 친구들에게

〈변화하는 학교 Schulen im Aufbruch〉 운동이 이제 한국에서도 반향이 있다니 무척 기쁩니다. 나는 한국을 방문한 적이 있고, 학교와 함께 교육을 변화시키겠다는 여러분의 에너지와 의지에 크게 감동한 바 있습니다. 우리는 과감하게 새로운 길을 가려고 영감을 찾는 부모들과 토론했습니다. 용기 넘치는 교장 선생님들 그리고 무엇보다도 열린 마음으로 학교를 바꿀 준비가 된 학생들은 우리에게 깊은 인상을 심어주었습니다. 그들의 아이디어는 무척 창의적이었으며 팀을 이루어 협력하는 일에 매우 전문적이었습니다. 한국의 아이들은 변화를 만들어가는 자(체인지메이커)가 되어 자기 미래를 형성하려는 준비가 되어 있습니다. 어린 학생들이 자기들의 변화 프로젝트를 열정적으로 소개하는 회의에서 이것이 뚜렷하게 드러났습니다. 한마디로 대단했지요. 아쇼카를 비롯해 학교를 지원해주는 훌륭한 단체들이 존재한다는 것은 그런 변화를 위한 좋은 여건이 되어줍니다. 학교는 그저 공간을 열어주는 것만으로도 대단한 지원세력을 갖게 됩니다.

우리는 한국 사람들의 다정함과 개방성에 크게 감동했습니다. 우리가 경험한 서울이라는 곳은 서로 네트워크로 연결하고 결속시켜 함께 미래를 가꾸어가도록 고무하는 곳이었습니다. 지구 차원의 목표 실현이라는 거대한 세계적 비전을 위해서는 전 세계 많은 곳에서의 변화와 동반자 관계가 있어야 합니다. 함께할 때만 가능한 일입니다. 수많은 곳에서, 네트워크 속에서, 그리고 기운 넘치는 동반자들과 함께 말입니다. 우리는 여러분과 함께 우리 어린 인간들의 잠재력과 기대할 만한 미래 세계의 비전이 가능하다고 믿습니다. 고마움의 뜻을 전하며 아울러 멋진 성공을 기원합니다.

저자를 대표하여
마르그레트 라스펠트

목차

■ **일러두기**

본문 하단의 각주는 모두 옮긴이 주입니다.

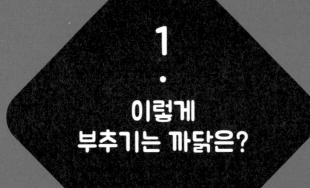

1.

이렇게
부추기는 까닭은?

요즘엔 학교와 관련된 문제라면 누구나 한마디쯤은 거들 수 있다. 『부모-교사-학업성적. 부모와 교사는 학교의 일상에 대해 무엇을 지각하고 경험하는가』라는 콘라트-아데나워 재단의 연구[1]에서 볼 수 있듯, 교육이라는 주제는 이미 각 가정 안까지 파고들었다.

부모는 자식이 가능한 한 우수한 성적으로 학교를 마치기를 바란다. 또한 대다수의 부모가 '가정이 성적의 압박에 지속적으로 영향을 받는다'고 느낀다.[2] 부모들이 갈수록 자식의 학업성적에 대한 책임을 더 많이 느낀다는 것이다. 자식이 김나지움Gymnasium*에 진학하는 것을 목표

---

* G8과 G9는 각각 8년제, 9년제 김나지움을 의미한다. 독일의 김나지움은 9년제였으나, 통일 이후 동독 및 다른 서양 국가들과 중등과정을 맞추기 위해 거의 8년제로 전환했다. 나치 시대를 제외하면 통일 전 서독의 초중등 과정은 13년제, 동독은 12학년제였고, 통일 후에는 라인란트-팔츠 주를 제외하고는 모두 12학년제로 바뀌었다. 다시 말해 초등학교 4년, 김나지움 8년이 된 것이다. 김나지움은 대학 진학을 위한 학교이고, 레알슐레Realschule와 하우프트슐레는 각각 10학년, 9학년에 과정이 끝난다. 최근 증가세를 보이는 학교로 이 세 가지를 합친 게잠트슐레Gesamtschule라는 일종의 종합학교도 있다. 최근에는 13학년제로 되돌아가자는 주장이 나오고 있다. 중등 과정이 1년 줄면서 주당 수업시간이 3~4시간 늘어났는데, 이것이 아이들에게 부담으로 작용하며 엄마가 차려주는 따뜻한 점심도 못 먹게 한다는 것이 그 이유다. 심지어 현행 12학년제는 나치가 아이들을 빨리 전선으로 보내기 위해 도입한 제도라는 주장까지 나오고 있다.

로 삼고, 하우프트슐레Hauptschule에 가는 것은 "실패이자 사회적 강등"이
라고 여긴다.³ 8년제(G8)나 9년제(G9)에 관한 토론이 여러 신문의 1면에
오르는 것도 그런 까닭이다.

이 연구의 결과 중 특히 주목할 만한 점이 한 가지 있다. 다수의 부
모가 학교를 그저 '배울거리를 전달해주는 곳'이나 '평가 센터Assessment-
Center'로 여기고 있다는 것이다. 8년제 김나지움은 학생들에게 더 많은
학업성과를 요구한다. 따라서 많은 부모들이 성과나 노력 그리고 포부
와 같은 가치를 자식들에게 알려주어야 할지 말지를 두고 크게 불안해
한다. 이러한 가치는 일차원적인 성적成績 이데올로기로 이용될 위험성
이 있고, 이것이 자녀의 인성에 해를 끼칠 수도 있기 때문이다. 부모의
시각에서 보면 자식에게 행복한 유년기, 청소년기를 누리게 하고 싶다
는 교육적 요구는 학교, 특히 김나지움의 요구와 충돌한다.⁴

초등학교 2학년을 마칠 즈음엔 이미 김나지움에 진학해야 한다는 압
박이 시작된다(독일에서는 초등학교 과정 4년을 마치고 김나지움 등의 중등학
교에 진학한다.-역자). 아이들이 학교를 두려워한다고 말하는 부모들이
많다. 아이들이 '이제 학교에 가지 않을래'라고 선언한다는 것이다. 이
른 진로 결정이 가족 모두의 삶에 부담을 주는 것이다.

학생들은 이를 어떻게 여기고 있을까? 아이들은 정말 자신이 다니
는 학교를 '우리' 학교라고 여길까? 학교는 아이들에게 21세기를 살아가
기 위한 길잡이가 되어주고 있는가? 학교가 아이들의 미래에 도움이 되
는가? 아이들이 학교에서 행복하고, 여전히 호기심으로 충만하며, 자기
재능을 마음껏 펼칠 수 있는가?

조지 랜드George Land와 베스 자먼Beth Jarman은 1992년, 『브레이크포인
트와 그 너머: 오늘날의 미래 터득하기Breakpoint and beyond: mastering the

future-today』라는 연구 저서에 놀랍고도 당연한 결과를 발표했다. 세 살에서 다섯 살까지의 아동이 얼마나 다양한 창의적 사고를 할 수 있는지 알아보는 테스트에서 1,600명 중 98%가 천재의 범주에 든다는 것을 확인한 것이다. 그러나 5년 뒤 같은 아이들에게 똑같은 테스트를 시행한 결과, 같은 수준에 이른 아이는 32%에 불과했다. 아이들이 14~15세가 되어 치른 동일한 테스트에서는 10%만이 최고 수준의 점수를 얻었다. 참고로 성인을 상대로 한 테스트에서 최고점을 받은 사람은 2%에 불과했다.

우리는 아이들에게 많은 것을 요구하고 있다. 그런데 과연 옳은 것을 요구하고 있는 걸까? 문제풀이 방식의 시험 문화가 과연 불확실한 미래에 대비할 수 있게 해주는가?

학습은 유의미할 수 있다. 학습은 자기주도적일 수 있다. 날마다 새로운 경험을 맛보는 것이 학습 내용이 될 수 있다. 그리고 이런 학습이야말로 학습 동기를 유발한다.

교사는 자신이 왜 교사가 되었는지를 알고 있다. 그들은 열정과 참여, 뭔가를 해보겠다는 의지를 품고 교직에 들어선다. 그러다 관료주의나 시험 문화가 요구하는 바가 점점 더 커지면서 에너지를 많이 잃어버린다. 교사들은 자기 책임하에 할 수 있는 일이 더 많아지기를 원하고 있다. 피사PISA, 즉 OECD 국제 학생평가 프로그램 실시 이래 진행되고 있는 여러 학교개혁 조치들은 교사 입장에서 볼 때 "일상에서 교사를 압박하는 문제들에 대한 해법이 전혀 아니며, 오히려 부담을 준다"고 한다.[5] 다른 종류의 학교, 이를테면 상호 관계가 고립화보다 우선되는 학교, 상대를 인정하고 존중하는 태도가 교재 내용의 전달 및 비판 정신의 함양과 동등한 가치를 지니는 학교, 우리 내면의 인간상을 아이들과 공유하며 살 수 있는 학교, 스스로 미래를 꾸려가는 것이 당연시되는 학교를 상상하는 것이 과연 가능한 일인가 하는 질문이 나오는 것도 바로 그런 까닭이다.

그런 학교는 존재하는가? 답은 '있다'이다. 학교의 미래는 이미 살아 있다. 모든 학교가 이런 방향으로 전개되기를 원한다면 그 책임을 우리가 떠맡지 않을 수 없다. 이를 위해서는 관계자 모두의 협력이 필요하다. 그런 학교는 학습공동체를 스스로 꾸려가는 교사와 부모, 학교 관리자 그리고 학생의 협동으로부터 생겨나기 때문이다. 우리가 책임을 떠맡자고 부추기는 것은 이런 뜻에서다.

우리는 21세기의 교육과 학교 문제를 그 근본부터 새로이 생각하는 일에 사람들을 불러들이려 한다. 우리는 시민들에게 용기를 불어넣어 교육 문제에 적극적이고 비판적으로 비전을 갖고 동참하게 함으로써 기운 넘치고 성숙한 학교를 만들고자 한다. 우리가 할 일은 잠재력을 펼치고 심성을 도야하는 곳으로서의 학교, 훌륭한 일터이자 공동체 공간으로서의 학교라는 비전을 사회적으로 추진하는 일이기 때문이다. 그렇게 해야만 정책의 변화를 이끌어 거의 백여 년에 걸친 교육정책의 정체를 해소할 수 있을 것이다. 정책기관은 구조적으로 볼 때 거대한 유조선과 같아 움직임이 굼뜨기 마련이다. 유조선이 상징하는 것은 안정성과 신뢰성, 지속성이다. 반면 용감한 시민들은 쾌속선이라고 할 수 있다. 장애와 위험을 적확하게 감지해낼 뿐만 아니라 여러 방법과 가능성을 훨씬 더 빨리, 더 창의적으로 만들어낼 수 있다.

우리의 사명은 크게 세 가지로, 다음과 같다.

- 마음으로 생각하면 우리는 무엇이 옳은지 안다.
- 비판적이고 성숙한 눈으로 세상을 바라보면, 지금이야말로 행동할 때이다.
- 잠재력의 전개는 우리가 인정하는 기본권의 하나이다.

2.

영감을 얻어라!

미래의 학교로 떠나는 여행

미래는 이미 오래전에 시작되었다. 학교의 미래는 이미 존재한다. 이 나라 어디에든 다 있다. 미래가 우리에게 던져주는 도전과제는 무엇인가? 20세기의 유물인 오늘날의 학교가 어째서 여전히 영향력을 발휘하고 있는가 하는 문제를 다루기에 앞서, 우선 영감을 얻기 위한 여행에 여러분을 초대하고자 한다. 이 여행을 통해 여러분은 21세기의 학교가 독일의 여러 곳에서 어떻게 실제로 행해지고 있는지를 알 수 있을 것이다. 이들의 실제 사례를 통해 영감을 받아보시라. 이론적인 뒷받침은 나중에 할 것이다.

학습방 Lenrbüro

월요일 여덟 시 반, 뮌헨의 어느 레알슐레. 문도 교실도 다 열려있다. 영어방 옆은 수학방이고 복도 맞은편은 독일어방이다. 독일어 학습방에서 학생들이 공부에 푹 빠져 있다. 안야, 베아 그리고 자비네가 도서관으로 올라간다. 참고 도서가 필요해서다. 다른 아이들은 컴퓨터를 켠다. 문학이라는 학습단위를 공부 중인 벤은 문학 공부를 위해 고른 책에 어떤 책꺼풀을 새로 입힐까 생각 중이다. 페터는 태블릿으로 비디오를 보고 있다. 세 명으로 이루어진 한 그룹은 한쪽 구석에 모여서 광고 캠페인을 만들고 있다. 광고라는 학습단위의 일부이다. 수업을 시작할 때 학생들은 각자 과제를 받는다. 서가에는 이른바 학습단위라 불리는 것들이 꽂혀 있다. 학생들이 배워야 할 학습 과제가 든 상자다. 이 학습단위들은 수준별로 맞춰져 있어서 학생들은 바닥부터 꼭대기까지 교과과정의 기본 내용을 한 층씩 차례대로 처리한다. 매일 아침 학생들은 독일어, 영어 또는 수학 등 자기가 공부하고 싶은 과목을 고를 수 있다. 독일어 학습단위 두 개는 벌써 QR코드까지 갖고 있다. 그런 식으로 수많은 비디오와 디지털 학습자료, 글쓰기 연습, 게임 등의 자료가 준비되어 있다. 교실에 고요함과 집중력 있는 학습 분위기가 감돈다. 한 여학생이 문법을 공부하다가 문제가 발생하자 동료 여학생에게 도움을 구한다. 바로 옆의 수학 학습방에서는 여성 교사 한 명이 소규모 그룹에게 '논리항'이라는 학습단위를 소개하고 있다. 선생님들은 이 학습방에서 따로 시간을 내어 아이들과의 개별적인 대화를 통해 문제를 논의할 수도 있다. 영어 학습방에서는 대학생들이 회화수업을 제공한다. 이들은 교생 실습 학기를 맞아 공동교사가 되어 함께 일하는 중이다. 학습방에서는 누구든 자기 속도에 맞게 학습할 수 있다. 수학을 추상적으로 공부할 수도, 촉각을 통해서 이해할 수도 있다. 크리스티나는 시험을 신청한다. 기하학 과목을 이수하려는 것이다.

팀은 힘이 세다

수요일 오후 두 시, 괴팅겐에 있는 한 게잠트슐레*의 8학년 교실이다. 학생들이 과제 하나에 매달려 고민하고 토론한다. 교사는 해당 주제를 안내해준 다음 학생들의 질문에 응하기 위해 대기한다. 이 게잠트슐레는 팀별 수업을 전면적으로 진행하고 있다. 담임인 아리아네 선생님은 이렇게 설명한다.

"학생들은 분단별로 공부하는데, 각 분단은 이질적인 학생들이 뒤섞여 함께 공부할 수 있도록 구성되어 있어요."

각 분단에는 옛날식으로 말하자면 레알슐레 학생과 김나지움 학생, 특수학교(지적으로 뒤처지는 학생을 위한 학교. 과거의 '학습장애아 학교'에서 이름이 바뀌었다.-역자) 학생 또는 하우프트슐레 학생이 함께 앉아 있다. 학업성과는 아비투어(대입 자격시험. 예전에는 김나지움 졸업반 학생만 응시할 수 있었다.-역자)에서도 탁월하게 드러난다.

"우리의 학습 중추는 여러 팀 안에 흐르는 끈끈한 결속력입니다. 그리고 큰 학교 속 작은 학교, 즉 한 공간을 함께 사용한다는 공간적 소속감입니다."

한 학년 5개 학급 모두 5학년부터 10학년까지 6년 동안 한 층에서 배우게 되는데, 놀 수도 공부도 할 수 있는 공간이 중앙에 있어서 구심점을 형성한다. 교사진을 위한 팀실Team室이 모든 일의 중심이 된다.

---

* 이 학교는 괴팅겐의 게오르크 크리스토프 리히텐베르크 게잠트슐레Georg-Christoph-Lichtenberg-Gesamtschule Göttingen로, 현재 180명 내외의 한 학년이 미치 큰 학교 속의 작은 학교처럼 운영되며, 학년은 다시 30명 단위의 6개 반 그룹으로 나뉘고, 이 반 그룹은 다시 6명씩 5개 분단 그룹으로 나뉜다. 교사는 학년당 12-15명, 한 반에 최소 2명이 배정되고 학년이 사용하는 공간, 반 및 분단 그룹 그리고 담당 교사는 특별한 일이 없는 한 6년간 변동 없이 유지된다.

"팀실은 비어 있는 시간이 없어요. 학생들이 언제든 찾아와서 문제나 얘깃거리를 내놓을 수 있다는 거죠. 우리는 항상 귀를 열고 그곳에 있답니다." 아리아네의 말이다.

16시. 교사팀의 회의시간이다. 회의는 우선 칭찬하기로 시작한다. 역사 담당 교사 요하네스가 말문을 연다. "카트린, 당신을 칭찬하고 싶어요. 라우라와 갈등이 있었는데 당신의 도움이 참 좋았어요. 내가 성장하는 데 도움되는 조언을 해준 덕분에 라우라와 건설적인 대화를 할 수 있었어요. 고마워요!"

이런 회의는 매주 진행된다. 이 방에는 수업자료로 가득한 서가와 컴퓨터 책상이 놓여 있다. 벽에는 교사들에게 왜 교사가 되었는지를 상기시켜주는 사진과 문구가 가득 붙어 있다. 힘든 하루였지만 방 분위기에는 만족스러움이 역력히 드러난다. 여러 학급에서 일어난 갖가지 일들 때문에 고도의 역량을 발휘해야 하는 교사들에게 이 칭찬 라운드가 편안함을 주고, 신뢰감을 돈독히 해준다.

"토어스텐, 우리 프로젝트를 영상으로 기록해줘서 고마워요. 오늘 아침의 미소도요. 덕분에 하루를 잘 견딜 수 있었거든요." 카트린의 말이다.

Intercultural 특별한 만남

목요일 열시 반, 뒤셀도르프의 어느 김나지움. 9학년 학생들이 '특별한 만남'이라는 주제로 공부하고 있다. 학생들은 네 가지 소주제 중에서 하나를 고를 수 있다. 마르틴과 스벤은 '문화가 지닌 여러 모습'이라는 주제를 공부하는 그룹에 속해 있다. 이들의 교실은 거의 비어 있다. 학생 넷은 컴퓨터 앞에 앉아 스카이프Skype로 화상통화를 한다. 다른 학생들은 도서관에 앉아 자기들이 기록한 것을 품평하고 있다. 학생들은 '특별한 만남'의 일환으로 독일에서 태어나지 않은 사람을 각자 한 사람씩 인터뷰하기로 했다.

"우리 학년에는 매주 한 번 프로젝트의 날이 있는데, 그날에는 주제에 제대로 매달려 파고들 수 있답니다. 학교 밖으로 나갈 수도 있어요." 마르틴과 스벤의 설명이다. "공통질문을 무엇으로 할지 고민했습니다. 이 프로젝트로 책을 한 권 만들려고 하거든요." 이들은 자신의 대화 상대가 좋아하는 장소와 자기가 좋아하는 장소의 사진을 모았고, 애창곡한 곡과 함께 저마다 특별하게 생각하는 명언까지도 다 수집했다. "제 좌우명은 금방 찾았지만, 몇몇 친구들은 그걸 결정하는 걸 정말 힘들어했습니다. 이제 그 모든 것을 취합해 그래픽 프로그램으로 편집하고 있어요." 스벤의 아버지는 그래픽전문가여서, 이미 학급에 몇 가지 조언을 해주었다. 열여덟 개의 문화, 열세 개 언어가 모였다. 각각의 명언은 독일어로 표시될 것이며 각자의 모국어는 손으로 쓸 계획이다. 한 달 뒤 출판 기념회가 열린다. 인터뷰에 응한 사람들이 모두 초대받는다. 9학년 학생 모두와 인터뷰 대상자들이 자기의 좌우명을 직접 소개하게 된다. 가슴 설렌다. 노래와 악기도 함께할 것이다. '특별한 만남'이라는 프로젝트로 인해 벌어지는 특별한 잔치다.

다른 프로젝트를 진행하는 그룹 역시 프로젝트의 마감을 위해 특별한 것을 생각해냈다. '인생 동아줄'이라는 프로젝트에서는 어르신과 청소년이 2인조 팀을 구성하여 집중적인 만남을 가졌다. '인생에서 결코 잊을 수 없는 날이 있다면?' 또는 '이제 나이가 들었구나 하는 걸 처음으로 느낀 게 언제인지?' 같은 질문과 적잖이 용기를 내야 했던 일, 힘들게 도전했던 일 그리고 기쁨의 나날에 관한 대화를 통해 인생사가 하나둘 펼쳐진다. 끝에 가서는 큰 종이 위에 '인생 동아줄'이 생겨난다. 인생 동 아줄 하나로 한 사람의 전성기와 침체기 그리고 반전과 우회로 등을 포 착하고 이를 스케치, 사진, 소품 따위로 세분화하여 표시하는 것이다. 이 프로젝트에서도 공동 소개 시간은 감동적인 체험이 될 것이다. 세 번 째 프로젝트의 결산인 '세계 종교 대잔치'도 마찬가지다.

Responsibility 책임지는 법 배우기

수요일 오후 네 시, 아헨의 한 학교에서는 '책임감 잔치'가 열리고 있 다. 부모, 학생, 협력 파트너, 대학생을 비롯해 관심이 있는 사람들이 실 내체육관으로 들어온다. 책임감 잔치에서는 7~8학년 학생들이 자신들 의 '책임감 프로젝트'를 소개한다. 사람들이 체육관 안에서 이리저리 몰 려다닌다. 캠퍼스 같다. 몰려드는 사람 수도 엄청나다. 학생들은 우쭐 하여 프로젝트를 발표하고, 질문에 대답하며 열정적으로 설명한다. 오 후 다섯 시. 무대에서 행사가 시작된다. 피아노 치기를 아주 좋아하는 헤르만(13세)이 나와서 자신이 직접 쓴 피아노곡을 연주하며 강연의 서 막을 연 다음 이야기를 풀어놓는다. "저는 매주 양로원에 계시는 헨젤 아주머니를 찾아갑니다. 아주머니는 휠체어에 앉아 계세요. 중풍이 와 서 제대로 걷지를 못하시거든요. 말씀도 거의 못 하세요. 그래서 저는 휠체어 면허증을 땄습니다.(법적 요건은 아니며 아이들에게 휠체어 조작 기 술을 교육하고 면허증 형식의 수료증 같은 것을 준다.-역자) 그래야 아주머니 를 이곳저곳으로 모시고 갈 수 있으니까요." 헤르만이 자랑스레 이야기한다. 그는 아주머니를 매번 양로원 내에 있는 예배당까지 모셔다드린다. 예배당 안에는 피아노가 한 대 있다. 헤르만은 아주머니가 건반을 보실 수 있도록 휠체어를 피아노 앞까지 밀어드린다. "저는 늘 아주머니에게 연주를 들려드립니다. 그러면 즐거워하셔요." 나이가 좀 든 이 아주머니는 매번 이 방문을, 환한 얼굴의 헤르만과 아름다운 피아노 소리를 고대한다. 아주머니와의 첫 만남 이후, 헤르만은 이곳에서 뭔가 멋지고 특별한 일이 일어나고 있음을 감지했다. 그는 자폐아로, 아스퍼거 증후군(자폐증의 일종으로 오스트리아의 소아과 의사 한스 아스페르거의 이름을 따서 명명되었다. 인지 및 언어 능력 장애는 없으나 사회적 상호작용 및 비언어적 행동에 어려움을 느끼는 발달장애의 일종이다. -역자)이 있는, 매우 예민한 아이다. 그는 피아노 연주가 이 중년 부인에게 의미가 있다는 걸 확신했다. 그래서 만날 때마다 아주머니를 피아노 옆에 앉혀드리고, 이따금 조심스럽게 그녀의 손을 건반 위에 올리고 함께 건반을 누르기도 한다. "헤르만이 온 다음부터 우리는 헨젤 부인이 다시 기뻐할 수 있게 되었다고 생각해요. 우리와의 접촉이 잦아졌고, 훨씬 생기 있게 활동하게 되었죠." 요양보호사의 말이다. "2주 전에야 알게 된 건데, 헨젤 아주머니는 피아니스트셨어요"라며 헤르만이 감동에 벅찬 듯 말한다. 마법 같은 순간이다.

조피아는 열세 살로, 이주민 학생이 90%나 되는 한 초등학교에서 책임감 프로젝트를 진행하고 있다. 이 학교는 '언어 대사大使'라는 협동연합체에 속한 네 학교 중의 하나다. 조피아는 다음과 같이 말한다. "제가 가면 대개 그 여자 선생님이 저를 맞아줍니다. 그리고 곧 학생들이 제게로 몰려들어 매달리며 즐거운 듯 '안녕 조피아. 오늘 나랑 공부하면 안

돼? 부탁이야!'라고 소리칩니다." 조피아는 몇 달 전부터 응우옌과 함께 공부하고 있다. 2학년이 될 때까지 단어 하나도 못 받아쓰던 여학생이다. "우리는 함께 놀아요. 저는 응우옌에게 이야기책을 읽어주죠. 응우옌에게 점점 더 자신감이 붙는 것을 보는 것은 멋진 일이었습니다. 응우옌은 단어 하나를 쓰더니 나중에는 문장을 썼고, 그다음부터는 계속 나아져 갔죠. 그러다 놀라운 일이 일어났어요. 응우옌이 짧은 이야기를 쓴 겁니다." 조피아는 다음과 같은 말로 발표를 마친다. "응우옌과 함께한 시간 덕분에 저 또한 변했습니다. 그 시간이 저에게 의미를 준 거죠. 제가 구석에 처박힌 채 아무것도 할 수 없는 어린아이가 아니라는 것을 알게 되었습니다. 제가 쓸모 있는 존재라는 것을 알게 된 것입니다. 사람들도 제가 해낸 일의 가치를 인정합니다. 제게 가장 큰 감동을 주는 것은 아이들이 저에게 얼마나 엄청난 신뢰를 주고 있나 하는 것입니다. 저는 그런 걸 경험한 적이 없었거든요." 가을방학 때에는 일주일 동안 '언어 대사 캠프'가 열린다. 1~2학년 학생 스무 명과 열 명의 언어 대사 그리고 두 명의 예술가가 참가하는 행사이다. 조피아는 행사 조직팀으로 참가할 것이라고 한다.

함께하는 학부모

목요일 오전 10시, 도르트문트 북부의 한 초등학교. 학부모 카페에 한 무리의 여성들이 앉아 있는데, 몇몇은 머릿수건을 쓰고 있다. 그들 앞에는 문법 노트가 놓여 있다. 그 학교 학생의 어머니이기도 한 강사가 대화를 유도한다. 그 옆에서는 다른 학부모들이 야간 정치토론회 행사를 위해 케이크를 준비하고 있다. 다른 방에서는 엄마 한 분이 제빵에 관심이 있는 학생들을 위해 제빵 강의를 하고 있다. 이 학교 학생의 80% 이상은 터키, 그리스, 시리아 출신이다. 학부모 중 대다수는 실업급여로 생계를 꾸려가며 많은 학생이 아빠 없이 자라고 있다. 아이들 다수는 아침 식사를 하지 않은 채 학교에 오고, 겨울에도 샌들을 신고 다니는 아이들도 있으며, 독일어를 거의 하지 못하는 아이들도 좀 있고, 전쟁을 겪은 아이들도 있다.

이 학교에서는 가정과 학교 간의 협력이 무척 중요해서 학부모 50~60명이 날마다 학교로 온다. 이들은 학교 측의 도움을 받아 일찌감치 자식들의 학교생활에 대비한다. 정기적인 만남을 통해 질문하고 희망 사항을 이야기하고 두려움을 털어놓기도 한다. 부모들은 이 학교의 학부모 카페에서 서로 접촉할 수 있고 어학이나 컴퓨터 강좌를 들을 수도 있으며 개별 상담을 받을 수도 있다. 예전 학부모 중에서도 계속해서 학교와 긴밀한 접촉을 유지하는 여성들이 있는데 그들은 새 학년이 시작되면 초반의 몇 주 동안, 필요하다면 아이가 학교에 다니는 내내, 아직 독일어를 능숙하게 하지 못하는 엄마들에게 도움을 준다. 이 학교에서는 학부모뿐만 아니라 모든 아이가 많은 것을, 심지어 스스로 배움을 꾸려가는 일까지도 할 수 있다고 믿는다. 물론 성과도 크게 내고 있다!

같은 날 저녁 7시, 에센의 어느 학교에서는 학부모 약 40명이 강당에 모여 커다란 원형으로 둘러앉아 있다. 가운데에는 큼직한 구닥다리 여행 가방이 하나 놓여 있다. 30분 뒤에 일이 벌어진다. 학부모 대표인 슈투어 씨가 설명한다.

"아시다시피 우리 학교는 책임감을 중요하게 여깁니다. 그래서 우리 부모들도 그 길로 나아가자고 생각했습니다. 아닌 게 아니라 책임감이란 우리 부모들에게도 중요한 것이니까요. 그래서 우리는 부모를 위한 일종의 연수교육 시리즈를 계획했습니다. 다행히도 아주 훌륭한 진행자 한 분을 찾았습니다. 이미 우리는 아주 감동적인 시간을 두 번이나 가졌습니다. 첫 번째 시간에는 우리 자신의 학습 경험에 관한 이야기를 다루었습니다. 여러 소그룹을 만들어 개인적으로 학습을 장려해준 요소, 기운을 북돋아준 요소가 무엇이었는지, 기운 빠지게 한 요소는 무엇이었는지에 관해 의견을 나누었죠. 그날 저녁 우리는 자기 내면의 지식을 활성화해서 경험의 상자를 속속들이 뒤졌습니다."

오늘 다룰 주제는 관심사, 재능 그리고 잠재력이다. 여행 가방에는 일상의 온갖 보물들이 가득 차 있다. 우표 여러 장, 볼펜 몇 개, 우편엽서 몇 장, 망원경 하나, 봉제인형 여럿, 장난감 자동차 여러 대, 양초 하나. 여기에 내놓으려고 모두가 뭔가를 가지고 왔다. 진짜 보물 상자다. 이제 각자가 상자에서 물건 하나를 꺼내야 하는데 자기에게 조금이라도 의미가 있는 것이어야 한다. 긴장감이 감돈다. 시간이 흐르면서 수많은 부모가 제각각 공룡 도사거나 항공우주 전문가이거나 약초꾼이며, 나무 위에 집짓기를 하는 사람, 컴퓨터광 또는 음악가임이 드러난다. 부모들의 숨은 재주를 품은 보물 상자 하나가 개인사 속에서 생기를 발하는 것이다. 끝날 무렵 어머니 한 분이 일어나더니 아직 가방 안에 있는 것들을 꺼내어 옆에다 쌓아두고는 가방을 가져간다. 그녀는 이렇게 말한다. "저는 여러 해 동안 저만을 위한 시간을 전혀 갖지 못했습니다. 그러고는 늘 그런 시간을 꿈꾸기만 했죠. 조금 전에야 그걸 인식했습니다. 제가 이 가방을 가져온 것은, 일주일 동안 혼자 여행을 떠나기로 방금 결심했기 때문입니다. 오랫동안 제 마음속에 숨겨져 잠자고 있던 꿈이죠. 그리고 오늘, 바로 이 순간, 저는 그 꿈을 허락했습니다." 마법 같은 순간이다.

Challenge 도전과제 정복하기

화요일 오전 11시, 함부르크의 어느 학교. 교사校舍 곳곳에서 학생들이 소그룹별로 흩어져 앉아 연구하고, 토론하고, 전화통화도 한다. 이들은 자신의 '도전과제'를 계획하는 중이다. 안드로슈와 엘리아스는 여객선 운송회사에 전자우편을 보낸다. 이 두 사람은 스웨덴으로 가려 한다. 3주 동안 자연 속에서 머물며 생존 투어를 하려는 것이다. 그들은 로슈토크에서 트렐레보리까지 배를 타고 건너갈 때 무료로 승선하게 해달라고 부탁하는 중이다. 보호자로 동행하는 아르투어가 곁에 앉아서는 두 사람이 흥분, 초조, 긴장 속에서 어떻게 모험에 뛰어드는지, 어떻게 아이디어에서 아이디어로 뛰어넘는지를 지켜본다. 거기에 끼어들지는 않는다. "쟤들이 그걸 해내거든요. 저라면 어차피 여객선 운송회사에 편지를 써서 저렇게 단도직입적으로 물어볼 생각은 하지 못했을 테니까요." 승선표는 2주 후에 받게 되었다고 한다.

아야가 옆방으로 달려간다. 친구인 피네에게 배낭을 하나 빌려줄 수 있는지 물어보려는 것이다. 니나는 숙소 문제와 관련하여 함부르크의 어느 교회공동체와 통화 중이다. 아야가 속한 그룹은 자기 학교와 협력 관계를 맺고 있는 한 교육대학 소속 대학생인 유디에게 지도를 받는다.

아야와 니나, 셰지마는 독일 지도를 펼쳐놓고 함부르크에서 베를린까지 가는 도보 여행로를 계획하느라 여념이 없다. 이들은 베를린에 있는, 무료 식사를 제공하는 곳에서 일주일 동안 일손을 거들 생각이다. 분위기는 달아올랐고 학생들은 정신을 완전히 집중한 상태이며 팀워크 정신으로 가득 차 있다. 이들에게는 아직 두 달이라는 준비 시간이 남아 있다. 그 시간이 지나면 출발이다.

자연 체험하기

계속 길을 떠나보자. 이번에는 여학생 몇 명이 브레멘에 있는 자기네 학교에서 멀리 떨어진 곳에 머물고 있는 모습이 보인다. 이 학생들이 다니는 학교의 수업계획에는 '자연 체험하기'라는 프로그램이 있어서, 이를 위해 농가 한 곳과 협력관계를 맺고 있다. 한 무리의 학생들이 2주 동안 농장에서 생활한다. 아침 6시(물론 학기 중이다), 청소년 열 명이 어느 농가의 커다란 공동 침실 두 곳에서 잠에 빠져 있다. 마리와 팀은 일찌감치 일어나 돌아다니고 있다. 오늘 외양간 당번인 것이다. 당나귀, 닭 그리고 어린 토끼들은 사람들이 아침 식사를 하기 전에 배를 채워주어야 한다. 이번 주에는 몸이 아픈 이웃 농부네 토끼들도 함께 돌봐주어야 한다. 구스타프와 막스는 물리 수업시간에 엔진에 대해 배우는 게 재미있어 계속 공부하려고 했는데, 이 농장에서 거기에 딱 맞는 기회를 만났다. 농장에서 일하는 기술자인 파울이 두 아이를 도와 채소밭에 새 관개설비를 설치하게 해준 것이다. 물의 낙차, 압력 저항, 펌프 용량, 엔진의 성능, 에너지원 그리고 베르누이의 법칙 등을 자연스럽게 익힌 막스와 구스타프는 4주가 지나면 틀림없이 이러한 개념을 마음껏 써먹게 될 것이며, 발표를 통해 물리 수업을 풍성하게 할 뿐만 아니라 자신의 아이디어가 어떻게 현실이 되었는지를 직접 보여줄 것이다. 농장에서는 할 일이 많다. 구스타프와 막스는 우선 물길 하나를 파내야 한다. 힘센 사람 세 명은 더 달라붙어야 한다. 트릭시, 요린데, 유스투스 그리고 알렉산더가 물길 파기를 도와주기로 하고, 구스타프와 막스는 식사당번을 돕기로 한다. 유스틴과 조는 외양간의 오물을 치우고 채소밭을 풀로 덮어준다(멀칭 농법). 오후 4시부터 6시까지는 농장에서 학습하는 시간이다. 이 시간이 되면 아이들은 각자의 주간 학습과제를 들고 공연장이나 책방으로 흩어진다. 이렇게 과제를 주는 것은 학교와의 연계성을 유지하고 중요 교과, 예컨대 외국어 따위를 규칙적으로 익히게 하기 위함이다. 스카이프를 통해 시내에 있는 동급생들과 새로운 소식을 나누기도 한다. 이 학습시간에는 '농장 부모'나 사회교육학을 공부하고 농장에서 사는 돌보미가 함께한다. 동물들을 다시 외양간에 들여놓고 저녁식사를 한다. 그런 다음 하루를 평가하고 일기를 쓴다.

3.

우리의 미래를 막아서는 여러 가지 도전과제

그리고 이를 극복할 방법

학교는 고립된 세계가 아니라 우리 사회를 구성하는 본질적인 요소이다. 이 사회의 미래가 학교의 미래도 규정한다. 아니, 그래야 한다고 하는 편이 옳겠다. 학교가 어린 아이들에게 어떤 미래에 대비하게 해야 하는지, 우리가 학교에게 기대하는 것이 무엇인지는 미래의 도전과제가 무엇이냐에 의해 정해진다. 미래에 닥칠 도전과제는 어떤 모습을 하고 있을까? 기본적인 지식을 갖추는 것이 사회변화에 대한 충분한 대비라 할 수 있는가? 아니면 21세기에는 그 복잡성으로 인해 확 뒤바뀐 사고, 지식과 학습에 대한 완전히 새로운 이해가 요구되는가? 꼭 혁신적인 능력이 있어야 미래의 일에 대한 새로운 모델을 구상할 수 있을까?

생태 분야의 도전과제

1972년 로마 클럽에서 발표한 보고서 『Die Grenzen des Wachstums (The Limits to Growth, 성장의 한계)』는 지수 성장이 여러 시스템 내에서 어떤 맥락, 어떤 결과를 초래하는지를 처음으로 광범위한 대중에게 제시해주었다. 더 높이, 더 빨리, 더 멀리라는 현재 우리의 삶의 방식으로 미래를 감당할 수 없다는 것은 너무나 자명해졌다. 우리는 지구 차원의 거대한 도전과제에 직면해 있다. 8억 7천만 명이 굶주리고 있다. 깨끗한 물을 얻지 못하는 사람이 수십억 명에 이른다. 더 많은 돈, 더 많은 연구 인력이 새천년의 목표 달성이 아닌 군비증강 및 파괴에 투입된다. 2014년 3월, 기후 변화에 관한 정부 간 협의체IPCC: Intergoverment Panel on Climate Change는 요코하마에서 명약관화한 결과를 내놓았다. 지구온난화는 기후에만 심각한 영향을 주는 게 아니라 빈곤, 기아 및 내전에도 영향을 줄 위험이 있다고 지적한 것이다. 인류의 이산화탄소 방출은 끝없는 연쇄반응을 유발했다.

이런 여러 문제의 규모를 우려하여 수많은 사람과 여러 기관은 훨씬 더 많은 노력을 기울이는 것으로 현상을 유지하려고 한다. 그러나 그들은 "문제를 해결할 때 그 문제의 생성에 쓰인 것과 동일한 방법 또는 사고방식에 의존해서는 결코 해결이 안 된다"라고 생전에 단언한 알베르트 아인슈타인으로부터 아무것도 배우지 못하고 여전히 어제의 처방으로 내일의 문제에 대응하려고 하는 것이다.

새로운 사고를 위한 새로운 발판이 필요하다. 기회주의적으로, 서둘러 짜낸 해결책으로는 근본에 다다를 수 없다. 이를 감지하는 사람들이 점점 더 많아지고 있다. 그러나 의식은 한다고 해도 실제 행동은 자극에 반응하는 수준에서 그친다. 로마 클럽은 1979년에 다시 『인간의 딜레마』라는 보고서에서 이를 '충격학습'(Schock-lernen. 충격을 받게 함으로써 학습하게 하는 것.-역자)이라 부르며 학교의 선제적, 참여적 학습을 요구했다. 그것이 앞을 내다보는 행위를 하기 위한 기본 정수精髓라는 것이다. 그러나 오늘날까지도 이 요구는 널리 받아들여지지 않고 있다. 오늘날 우리에게 결여된 것은 지식이 아니라 행동이다. 행동에 나서는 용기, 뭔가를 잘 해낼 수 있다는 '자기효능감'*의 경험은 오늘날의 학교에서는 교과과정에 들어 있지 않다. 따라서 대재앙이 멀지 않았다는 절박한 호소 앞에서도 많은 사람이 자신은 너무 미미한 존재라 복잡하기 짝이 없는 여러 문제에 맞서 행동에 나설 수 없다고 여기는 것은 그리 놀라운 일이 아니다.

생태 관련 문제의 경우, 대개 자연과학이나 기술 분야에서의 효율성 증대를 통해 해법을 구한다. 그러나 어떻게 살아갈 것인가 하는 문제는 본디 사회적이고 문화적인 과제다. 지속가능한 미래를 위해서는 우리가 생각할 수 있는 모든 형태의 집단적 창의성이 동원되어야 한다. 창의적 학습과정은 비전의 힘 위에 서 있다. 자극에 대한 반응으로부터 창의적 행위로 전환하는 경계 위에 서 있다는 것이다. 우리는 아직 개발되지 않은 거대한 잠재력을 갖고 있다. 『성장의 한계』를 쓴 저자들은 지속가능성으로 전환하기 위한 다섯 가지 발판이 있다고 본다. 비전의 개발, 네트워크의 구축, 진정성, 배우려는 태도 그리고 이웃사랑이 그것이다.

이렇게 하려면 지식과 책임, 비전의 힘, 행동에 나서는 용기, 네트워크 형성 능력, 도약적 사고** 시민으로서의 용기, 영성과 직관을 갖추어야 한다. 그리고 그것은 학교가 해낼 수 있다!

---

* Selbstwirksamkeit. 영어로는 Self-efficency. '자기 유효성'으로도 번역할 수 있으나 본서에서는 '자기효능감'으로 통일했다. 자신이 특정 상황에서 뭔가를 잘 해낼 수 있다는 일종의 자신감을 뜻한다.
** Querdenken. 영어로는 lateral thinking. 흔히 수평적 사고로 번역된다. 사고는 일반적으로 논리적 전개과정을 보이지만, 이 논리적 접근방식을 뛰어넘는 사고, 단계를 가로지르는 사고를 가리키는 말이므로 이 글에서는 도약적 사고라고 번역했다.

노동시장의 변화

　서비스 사회에서 지식 사회로 옮겨가면서 우리 노동시장은 급격히 변하고 있다. 지식이나 일상적인 활동은 기계가 떠맡는다. 미래에는 창의성, 그리고 예상치 못한 일이 닥쳤을 때 이를 영리하게 처리하는 능력이 중요하다. 출신학교나 전공명 등의 고전적인 교육 이력은 그 중요성을 상실한다. 기업의 성과는 지식노동자들이 얼마나 창의적으로 협력하는가에 점점 더 크게 좌우될 것이다. 창의경제의 세계에서는 개인이 프로젝트의 주도자가 되며, 한시적으로 대표자가 된다. 그런데도 대다수의 학교는 구시대적인 관료구조 및 정해진 일과라는 일상 속에 파묻혀 있다. 그리고 성공은 여기에 가장 잘 적응하는 사람이 가져간다. 계층화된 학교 구조에서 배울 것은 많고 시간은 부족한 탓에 인간관계의 질은 중심이 되지 못하고, 오히려 운에 좌우되어 버린다. 따라서 이런 학교 구조는 결코 근본적인 변화를 위한 충분한 대비가 되지 못한다. 가치의 존중이 이루어지는 인간관계를 체험한 사람만이 상대의 가치를 존중해주는 마음을 갖고 다른 사람과 교류할 수 있다.

　동시에 미래의 지도자는 새로운 지도 능력 또한 갖추고 있어야 한다. 오늘과 내일의 동료들은 자기 개성으로 자신이 몸 담고 있는 노동계를 조금씩 만들어가고 싶어 하지, 결코 그저 의무나 달성하는 존재로 남으려 하지 않을 것이다. 인구감소 및 이에 따른 인재 부족을 고려할 때, 미래에는 기업들이 직원들의 욕구를 훨씬 더 강력하게 수용해야만 할 것이다. 이런 변화를 만드는 것이 가치 존중의 관계문화와 잠재력의 개발이다. 이때 필요한 것은 명령과 톱다운top-down이 아니라 합리성과 정체성 확립이다. 계급의 계층이 능력의 계층으로 바뀔 것이다. 미래의 지도자는 중재 능력과 직관 능력도 지니고 있어야 한다. 그들은 다양한 목소리가 지닌 관심사와 욕구를 듣고, 새로운 관점을 존중하는 태도로 받아들여야 한다.

이미 변화가 일어나고 있음을 보여주는 하나의 증거가 바로 오늘날의 수많은 기업가다. 그들은 "두뇌가 자본을 쓰러뜨린다"(귄터 팔틴Günter Faltin)라는 원리에 따라 행동하고, 틀을 깨뜨리며, 익숙한 것들을 최적화하는 게 아닌 새롭게 생각하는 것, 즉 창조적 파괴를 실천한다. 그리고 점점 더 많은 기업인이 경제적으로 행동할 뿐만 아니라 의미 있는 기업인이 되어가고 있다. 사회적 기업가들이 보여주듯, 시민사회는 노벨상 수상자 무하마드 유누스Muhammad Yunus가 말한 것과 같은 바로 그런 기업을 세움으로써 여러 문제에 달려들어 이를 해결하고자 한다.

이렇게 하려면 지식에 더해 스스로 조직하는 능력, 스스로 이끌어나가는 힘, 한계를 설정하는 능력, 형성 의지, 팀워크, 다원성과 복잡성을 다루는 능력, 직관력, 가치 존중, 기운을 북돋는 능력, 불확실성 및 돌발적 변화에 대한 대처 능력 등을 갖추어야 한다. 그리고 그것은 학교가 해낼 수 있다!

세계화와 문화 정체성

오늘날 만큼 인류가 서로 결부되고 상호의존적이었던 적은 없었다. 경제와 기술 분야의 급속한 변화 및 자본 흐름과 생산 지역의 세계화로 인해 인간의 삶 또한 유연해지고 세계화되어 가고 있다. 그래서 문화 정체성正體性 면에서도 뒤엉킴의 정도가 심해지고 있다. 진화론이라는 '메커니즘'으로 보면, 우리는 처음에는 친숙한 것과 맺어진다. 친숙한 것은 안전과 보호를 제공하기 때문이다. 사회학자들은 이를 '유대관계의 체결Bonding'을 통한 특별한 신뢰라 부른다. 타자는 금방 적대적 존재로 간주된다.

그러나 오늘날에는 다른 태도가 하나 필요해진다. 적대적인 존재인 타자와 친해져야 할 필요가 있는 것이다. 따라서 특별하지 않은 신뢰가 요구되는데, 사회학자들은 이를 '다리놓기Bridging'라 부른다. 그런데 오늘날 우리 학교를 규정하는 것은 어떤 정신인가? 꼬리표 붙이기, 분류하기, 배제하기다. 구조적으로 그렇게 만들어져 있으며, 숨겨진 교과과정 속에 그렇게 고착되어 있다('숨겨진 교과과정'에 대한 자세한 내용은 뒤에서 다룰 것이다). 하지만 범지구적인 문제에 대응하려면, 개인과 세대 간 그리고 세계적인 차원에서 책임감을 느끼는 동시에, 범지구적 동반자 관계를 구축해야 한다. 이를 위해서는 세계적인 관심이 필요하다. 동시에 인간은 정착도 하고 뿌리도 내려야 한다. 자신을 세계시민으로 이해하는 가운데 문화 정체성에 뿌리를 내리는 일에는 새로운 차원의 의식과 태도가 필요하다. 함께 사는 법을 배우는 것이 우리 시대의 거대한 도전 과제가 되고 있다. 상호이해와 서로 다른 문화, 다문화 간의 소통 속에서 참여의 길을 하나 찾아보자.

이렇게 하려면 지식에 더해 국가를 초월한 관심과 존중, 다양성, 공감 능력, 관점의 변화, 개방성 및 다리 놓기 능력, 불확실성을 다루는 능력, 마음의 눈으로 보는 감각 그리고 이를 바탕으로 행동하는 용기를 가져야 한다. 그리고 그것은 학교가 해낼 수 있다!

민주주의 전개

네트워크화의 증가, 의존관계의 증가, 불안정성의 증가 그리고 예측 불가능성의 증가는 내부에 여러 긴장 요소를 품고 있다. 이런 것들은 타자에 대한 방어 등으로 드러난다. 사회학자 빌헬름 하이트마이어Wilhelm Heitmeyer는 『독일인의 상태Deutsche Zustände』라는 장기 연구에서 집단과 연관된 이런 적대감이 독일 내에서 어떤 모습으로 나타나는지 조사했다. 이 연구에서 그는 사회적 냉대와 반연대성이 늘어나고 있음을 지적했는데, 이는 대학 사회에서도 마찬가지였다.

누구나 알다시피 지식의 증대가 곧 인간성의 증대로 이어지지는 않는다. 인간성이란 하나의 태도다. 그리고 우리는 그런 태도를 오로지 인지적 과정을 통해서만 배우는 것은 아니다. 민주주의도 마찬가지로 머리로만 배울 수 있는 게 아니다. 여기에 결정적인 작용을 하는 것이 '숨겨진 교과과정'이라는 것이다. 이 교과과정은 책을 통해 배우는 지식보다 훨씬 더 강력한 영향을 미친다. 숨겨진 교과과정이란 다음과 같은 것을 말한다. 학교는 구조, 조직 및 업무방식, 학교의 체계적 구성을 통해서 다양한 가치, 규범, 규칙을 전수해주는데, 이런 요소들은 그렇게나 훌륭한 내용으로 가득한 교과 수업보다도 훨씬 강력하게 모든 학교 관계자들에게 영향을 끼친다. 민주적 의식이란 우리가 경험해야 하는 것으로, 경험을 통해 일상적, 반복적으로 획득해야 한다. 역사적으로 쟁취된 국가형태로서의 민주주의는 계속 실현되어야 한다는 말이다.

민주주의와 사회적 포용은 세계화라는 압박하에서 점점 더 이질화되어가는 사회를 하나로 유지하는 데에 없어서는 안 될 요소다. 살아있는 공동체로서의 민주주의는 우리 사회 전체가 더욱 발전하고 향상될 수 있도록 여러 구조와 과정을 만들어내야 할 책임이 있다. 우리는 깨어 있고, 주목하고, 참여하고, 타협함으로써 이러한 민주주의를 계속해서 재획득해야 한다. 항상 새로 배울 것이 요구되는 것이다. 학교는 그렇게 하기 위한 이상적인 터전이며, 성숙한 시민을 키워내는 일은 모든 학교의 핵심과제이다. 그래서 각 주의 여러 학교 관련 법규에도 그렇게 규정되어 있다. 성숙한 시민은 뭔가를 형성해내려는 욕구와 능력을 갖고 있다. 공동체는 당연히 그런 성숙한 시민들의 삶을 구성하는 한 축이다. 그들은 미래에 대해 개방적이며, 동시에 민주주의의 기본 원칙을 용감하게 지켜내는 사람들이다.

이렇게 하려면 지식에 더해 책임감과 공동체 정신, 상호 소통 능력 및 갈등을 중재하는 능력, 팀워크, 자신과 타인에 대한 신뢰, 가치의 존중, 마음의 힘이 있어야 한다. 그리고 그것은 학교가 해낼 수 있다!

정치의 한계와 사회참여파: 그들은 어떻게 생각하고, 행동하는가?

정당, 기관 및 관할 부서를 갖춘 정치 시스템은 의사 형성 과정에서 중요한 역할을 한다. 그러나 수많은 정치 영역에서 역동적인 변화와 복잡성이 나타나므로, 그 시스템이 갖는 한계가 문제가 된다. 거기에는 비전이, 장기 전략이 없는 것이다. 정치와 학문은 필수적 변화를 창의적으로 추동해주는 요소가 아니다. 정치의 강점強點은 최적화와 통제에 있다. 정치도, 학문도, 경제도, 혼자서 근본적인 여러 문제를 해결하지는 못한다. 창조적 파괴를 통해 새로운 일을 전개하는 것은 시민사회가 지닌 능력이다. 시민사회가 변화의 엔진이 되어 새로운 사고를 활성화하는 프로젝트를 추진하는 것이다. 시민사회가 가진 사회지능social intelligence은 거대한 자원이다. 21세기의 여러 도전과제를 해결하려면 입법부, 행정부 및 사법부와 더불어 네 번째 권력으로 사회참여파가 있어야 한다.

이렇게 하려면 지식에 더해 형성 의지, 창의성, 틀을 깨부수는 용기, 새로운 사고 및 도약적 사고가 있어야 한다. 그리고 그것은 학교가 해낼 수 있다!

새로운 사고와 행위

그렇다면 사회참여파는 어떤 모습을 하고 있는가? 진정한 변화는 오로지 정치, 학문, 경제 및 시민사회가 모두 겹쳐지는 영역에서만 일어날 수 있다. 중요한 것은 다양한 시각을 통합하는 일이다. 그래야 온갖 행위자들이 가진 현존 지식이 해법에 통합될 수 있다. 중요한 것은 패러다임을 바꾸겠다는 용기다. 할 수 있는 것, 만들 수 있는 것에 미친 듯이 몰입하는 게 아니라 그걸 버리고 지속가능성으로 나아가는 것, 경쟁심을 버리고 공존의 힘을 향해 나아가고자 하는 용기다. 이런 새로운 사고 방식은 낡은 것을 최적화하는 데 목적을 두지 않는다. 그 대신 당연시되는 것들에 의문을 제기한다. 이런 접근법으로 보면 초보자가 전문가가 될 수도 있다. 세계적인 관점에서 생각하고, 행동은 지역 차원에서 한다.(Think global, act local.) 집단지성이란 많은 개인의 지식이 모두가 동참하는 공동의 네트워크로 흘러 들어가 합쳐진 것이다. 그러나 각 교실 안에 수많은 보물이 존재하고 있음에도 불구하고, 학교는 아직도 이런 기회를 거의 이용하지 않고 있다. 여전히 학교에서는 개인으로서의 전문가, 교사에 의한 교육내용의 일방적 전수가 지배적이다. 그리고 이 논리에 따라 학생들의 지식은 개인별 필기시험을 통해 점검된다. 여러 사람의 지혜를 모아야만 풀 수 있는 까다로운 도전과제는 제공되지 않는다.

학생은 누구나 자신의 영향력과 책임 범위 내에서 행동할 수 있다. 우리 자신이 세상을 형성해가는 일원임을 체험하면 유대의식과 책임감이 생겨나며, 자신의 행동 범위가 어디까지인지 감지하고 이를 넓힐 수 있게 된다. 평생학습이라는 것은 단순히 변화한 세계에 적응하는 것뿐 아니라 개개인의 창의적 잠재력의 개발을 의미한다. 혁신은 인간을 통해 일어난다. 우리는 누구나 수동적인 소비자에서 틀을 깨뜨리는 사람으로 바뀔 수 있다. 틀을 깨뜨리는 사람은 오래된 것을 새것으로 바꾼다. 그들은 용감하고 의욕적으로 여러 비전을 품고 살아가며, 뿌리 깊은 관행들을 부순다. 혁신은 창조적 파괴에서부터 시작된다. 이렇게 살아갈 때 민주적 지식사회가 하나 생겨난다. 이 사회는 기존의 여러 인식으로부터 실천적 조치를 펼친다. 이 사회는 새로운 것을 철저히 시험해본 다음 시제품을 여럿 제작하고, 곧이어 신속한 피드백을 얻는다. 그리고 이런 시제품들을 수정함으로써 새롭고 장기적이며 조절 가능한 해법이 개발된다. 지식 사회는 이런 식으로 하나의 과정 사회가 된다. 그저 수선만 하는 게 아니라 진행방식을 네트워크화함으로써, 여러 가지 필수적인 변화를 감내할 수 있는 생동감 있는 절차들이 개발된다. 또 수많은 역할담당자들과 함께 스스로 행동에 나서는 하나의 사회가 생겨난다.

학교가 시작하라

역할담당자들이란 상급 기관이 나서기를 기다리기보다는 꼭 필요한 변화들을 스스로 이뤄내는 정치적, 사회적 및 생태적 기업가를 가리킨다. 그 과정에서 중심에 서는 이들은 개인적 잠재력을 지닌 인간이다.

이렇게 하려면 지식에 더해 창의성, 내면적 지식에 대한 감각, 새로운 사고 및 도약적 사고, 자기효능감에 대한 확신, 자신과 타인에 대한 가치 존중이 필요하다. 그리고 그것은 학교가 해낼 수 있다!

학교는 사회의 온상

우리 앞에 놓인 여러 도전과제에 맞서는 데에는 교육이 핵심이다. 전 세계적으로도 교육은 우리가 21세기에 나아가야 할 길을 결정해준다. 교육은 점점 더 복잡해지는 시대적 도전과제들에 대응하는 우리 아이들의 능력에 결정적인 영향을 미친다. 교육은 경제적 혁신, 사회적 및 생태적 정의正義, 인간성 그리고 공동체와 긴밀하게 얽혀 있다. 이것은 세상을 바라보는 우리의 관점을 규정하며 우리의 태도를 규정한다. 우리가 무엇을 어떻게 배우려 하는지를 결정하는 것은 현재와 미래의 여러 도전과제다. 인간으로서, 조직으로서, 지역이자 시스템 그리고 인류로서의 우리는 쉼없는 자기혁신을 요구받고 있다. 그 혁신으로 안내해주는 열쇠가 학습하고 적용하는 능력이다. 이러한 능력은 불가피하게 교육의 역할과 21세기의 학교를 바라보는 우리의 시각에 영향을 미친다.

전문지식은 아직까지도 학교의 핵심가치로 남아 있지만 점점 그 역할이 줄어들 것이다. 나날이 변하는 세상에서 주요 자산이 되는 것은 변화에 적응하는 방법을 배우는 것이다.

한 사람 한 사람이 중요하며 누구나 남다른 능력을 지니고 있다. 누구든 자기만의 남다른 잠재력을 간직하고 있다. 그리고 학교는 그 잠재력을 펼치는 곳이 되어야 한다.

4.

20세기 학교

살아있는 모순덩어리

20세기에는 계층 및 명령 구조 속에 편입되어 과제를 달성할 사람이 필요했다. 산업사회의 요구에 부응하기 위해서였다. 따라서 20세기의 학교는 그러한 요구에 부응하도록 준비시키는 역할을 했다. 당시에는 지식이라는 것이 어디에서나 얻을 수 있는 것이 아니었으며, 따라서 학교에서 그것을 집중적으로 전수해주어야 했다. 그렇다고 20세기에는 창의성과 자기 책임이라는 것이 아무런 역할도 하지 못했다는 말은 아니다. 하지만 그런 것들은 사회구조 속에서, 학교에서 지금과는 다른 상대적 가치를 지니고 있었다. 우리는 지금부터 20세기의 지식 학교가 미래의 여러 도전과제에 적절한 대비를 하게 해줄 수 있는가 하는 문제를 추적해보고, 최종적으로 우리는 지난 세기의 여러 학습 모델이 우리 아이들, 청소년에게 21세기의 도전과제들에 적절히 맞설 능력을 갖추어주지 못하는 이유를 제시할 것이다.

파편화, 박자 맞추기, 획일화

"위대한 아이디어들이 학교에서는 그 모든 생명력을 상실해버렸다. 그것들은 추상화되고 따분해졌다. 그 속에 의도성이 끼어들었기 때문이다. 그러니 비대화, 비인간화되어버린 지식 저장고는 이야깃거리나 제공해주는 백과사전마냥 무기력하고 내적 맥락도 없다. 아이들의 궁금증에 답해주는 게 아니라 일정량의 완성된 결과를, 아이들과 전적으로 무관한 결과를 줄 뿐이다."6 백여 년 전 릴케가 말한 이 구절은 당시에도 너무나 적확한 지적이었지만, 오늘날에도 계속 들어맞는다.

인생의 모든 영역에서 만날 수 있는 복잡성을 다루는 일. 미래의 도전과제란 그런 것이다. 그러나 20세기의 학교는 이를 무시하고 지식 전수의 최적화라는, 한때 의미가 있었을지는 몰라도 이미 낡아버린 목표에 고집스레 매달리며 오늘날의 질주하는 지식증가 속도에 보조步調를 맞추려고 애를 쓰고 있다. 오늘날에는 기술의 발전 덕분에 언제든지 필요한 지식을 불러내어 이용할 수 있으므로, 전수할 지식의 양은 줄여도 되는데도 불구하고 과도한 부담을 주는 교과과정은 여전하다. 그걸 다 다루려다 보니 깊이 있는 이해를 위한 학습 시간은 허용되지 않는다. 동시에 인지 능력만이 일방적으로 장려된다. 학교의 일과표를 보면 상호 맥락이 상실된 과목이 죽 이어져 있는 모습이 두드러진다. 마치 텔레비전 프로그램 편성표 같다. 시끌벅적하고 학습에 적대적인 수업시간 리듬과 학습 리듬을 결정하는 것은 종 치는 소리다. 다음 교과목, 다음 선생님, 다음 학습그룹으로 전환하는 데에 300초, 그러니까 5분의 쉬는 시간이 주어지는 경우도 종종 있다. 수업의 초점은 다음 시험의 대비에 맞춰져 있다. 교과목 간의 서열도 있다. 피사 테스트에 활용되는 교과목은 계급이 아주 높다. 이러한 교과목의 계급화는 불가피하게 분야 간의 통합이 아닌 파편화를 유발한다. 프로젝트 수업은 복잡한 문제의 해결에 무척 중요하며 학생들로 하여금 자신의 호기심을 쫓아가도록 함으로써 심도 있는 이해를 가능하게 해주지만, 20세기의 학교에서는 시간표가 엄격히 정해져 있어서 이런 수업은 하기가 어려우며 때로는 차단되기도 한다.

타율성 및 똑같은 학습 진도

미래에는 자기 스스로 삶과 일을 꾸려가는 것에 대한 책임이 점점 무거워질 것이다. 따라서 우리 아이들이 성적이나 선생님을 위해서가 아니라 스스로 결정하고 동기를 부여해 학습하는 법을 배우는 것이 중요하다. 이와 달리 20세기의 학교는 외부로부터의 동기 부여에 의존한다. 대개 아이들은 학습 내용을 달달 외워야 한다. 교재 내용을 따라가지 못하는 것을 학생의 개인적 무능이라고 여기는 교사가 흔하기 때문이다. 여기서 교재란 교과서를 말한다. 교과서는 다른 반과의 비교도 유발한다. '누구는 벌써 어디까지 나갔는데?'라며 비교하는 것이다. 사전 제작된 과제물이 포함된 교과서는 종종 수업 분량뿐 아니라 수업 방법까지도 규정한다. 교사는 그 과제물에 의지하게 된다. 매일의 수업 분량이 여러 학급으로 쪼개져 있어서 시간적, 정신적으로 과도한 부담을 안고 있기 때문이다. 그래서 학생들은 자신이 학습과정의 주체가 아니라 가르침의 대상이라고 느낀다. 이런 시스템 속에서는 학생이나 교사나 교재가 요구하는 성과를 달성하는 사람이 된다. 그것도 같은 진도로 말이다. 학습 집단 내 모든 구성원이 동시에 표준화된 시험과 테스트를 통해 자신의 지식과 능력을 입증해야 하기 때문이다. 미리 정해진 학교 일상에 적응하려다 보니 오히려 그 내용에 관해서는 무관심해진다. 그래서 모든 게 정해진 대로 잘 돌아가면 기뻐한다.

20세기에는 표준을 확립하는 것이 중요한 발전단계의 하나였다. 갖가지 표준은 전학을 쉽게 해주며, 진학을 위한 중요한 전제조건으로서 최소한의 공통 기준을 제공해준다. 그러나 이러한 표준을 유일한 척도로 삼는 것은 생산적이지 못하다. 남이 정해준 목표를 달성하는 것은 궁극적으로 미래에 필요한 결정적인 가치, 즉 스스로 결정하고 자신을 받아들이며 자기 자신을 구성하는 능력을 기르는 데 도움이 되지 않는다. 이러한 능력은 독립적으로 일을 꾸려감으로써 습득할 수 있다. 예를 들어보자면, 책임감을 배우기 위해서는 직접 책임을 져보는 수밖에 없는 것과 마찬가지다.

문제풀이 문화와 빈칸 채우기 정신

21세기의 복잡한 도전과제에 혁신적인 해법을 내놓으려면 창의성과 함께 오류나 실패를 생산적으로 다루는 능력이 필요하다. 그러나 20세기의 학교는 이에 필요한 양질의 토양을 제공하지 못한다. 아이들의 30%는 두려움을 안고 학교에 다닌다. 두려움과 창의적 문제해결은 양립할 수 없다. 두려움은 창의성을 말살한다. 창의성은 열정을 먹고 살며, 열정이란 미리 정해진 게 아닌 열린 사고가 가능한 빈 공간에서 생겨난다. 창의성이 태어나기 위해서는 평가 잣대가 없는, 실패를 위한 공

학교가 시작하라

간이 필요하다. 이와 달리 20세기의 학교는 스트레스로 가득하다. 아이들을 비교하는 시험, 성적의 압박 그리고 표준화가 이런 시스템을 규정하고, 성과에 대해서는 늘 평가가 이루어지는데, 이 평가는 규칙과 비교에 근거한다. 교사 또한 성과의 압박을 받기 때문에 수업은 목전에 있는 시험에 맞추어 진행된다. 창의적 발상, 학생들에게 갑자기 떠오르는 호기심, 우회하거나 가로질러 가는 길 등은 교사에게는 목표에 딱 맞게 짜인 시간 계획을 위협하는 요소일 뿐이다. 여유 있는 공간, 도약적 사고, 결과를 알 수 없는 실험을 해낼 용기 따위는 이 시스템상에서는 방해가 되고, 그럴 시간도 없다. 릴케는 이를 다음과 같이 묘사한다. "시대가 간절히 원하는 바는 늘 그러하듯 남과는 다른 저 위대한 개성이다. 미래는 항상 그런 개성과 함께했기 때문이다. 그런데도 어린이의 내면에 그런 개성이 보이면 어른들은 그걸 경멸하거나 하찮게 취급하고(아이들에게는 가장 쓰라린 일이다) 어떻게든 비웃고 넘어간다. 어른들은 마치 아이가 자신만의 색깔을 전혀 갖고 있지 않은 듯이 다루어 아이들 삶의 원천이 되는 풍요로움의 가치를 깎아버리고, 그 대신 아이들에게 뻔한 말을 해주는 것이다." 그렇다. 20세기의 학교가 그러하다.

수업이 문제지로 미리 준비되기도 한다. 그 해답은 교사용 지침서에 나와 있다. 거기서 생겨나는 숨겨진 교과과정은 이렇게 말한다. "네게 부과되는 것을 하라." 반혁신적인 빈칸 채우기 정신은 이런 식으로 각인된다. 공생에 꼭 필요한 여러 자질 중의 하나는 하나의 집단, 사회, 기업 내에 자신을 끼워 넣을 수 있는 것, 적절한 상황에서 지휘권을 넘기는 것, 어찌 보면 좀 더 큰 뜻을 위해 자기 뜻을 희생하는 것이리라. 하지만 오늘날에는 보다 많은 것이 필요하다. 혁신은 자율성, 스스로 생각하는 능력, 판단력, 강력한 개성, 용기 그리고 최대한의 학제성을 기본

조건으로 요구하기 때문이다.

달리기는 넘어져가며 배우는 법이다. 오류는 배움의 중요한 원천 중 하나다. 하지만 학교는 이 오류에 빨간 줄을 긋고 나쁜 점수를 매겨버린다. 이런 숨겨진 교과과정은 정신에 닻을 내려 사람에게 영향을 미친다. 오류를 범해 실패하면 어쩌나 하는 두려움은 창의성의 방해요소인데, 기업에서도 이것이 감지된다. 20세기의 학교에서 오류와 실패는 친구가 아니라 재앙이며 부끄러움과 나쁜 점수, 강등과 결부된다고 여겨진다. 우리의 발달과정에서 옳고 그름의 차이를 아는 것은 가치가 있고 불가피한 것이라는 도식이 여기서도 적용된다. 즉 이런 흑백 논리가 적용되는 여러 상황에서는 그렇다는 말이다. 잘못된 결정 하나, 오류 하나가 가져오는 여러 결과를 인식하고, 그로부터 뭔가를 배우는 것, 바로 그것을 말한다. 하지만 '오류'를 바라보는 이러한 태도는 우리의 실험방식, 즉 미지의 분야에서 과감하게 시도하는 방식에 영향을 미친다.

가치를 인정하는 관계문화의 결여

평생학습의 바탕이 되는 것은 양호한 학습 경험이다. 인간관계, 신뢰, 격려 및 가치 인정은 잠재력 전개를 가능케 하는 학습문화의 중심 요소이다. 인간관계를 맺는 데에는 신뢰가 쌓일 수 있는 시간과 공간이 필요하다. 20세기 학교의 구조는 관계의 형성을 어렵게 만든다. 교사는 45분이라는 매 수업시간을 치르고 하나의 학급에서 다음 학급으로 바쁘게 옮겨 다니며 날마다 100여 명, 많게는 180명을 상대로 수업을 진행한다. 그리하여 학교는 관계 형성을 저해하는 곳이 된다. 구조적 제약 때문이다. 교사가 그렇게 하기를 원하는 것이 아니다. 오히려 그 반대다. 많은 교사가 이를 느끼고 있으며 불편해한다. 교사라는 일은 도움을 주는 직업, 사람을 상대로 하는 직업이기 때문이다. 아무리 적극적인 교사라도 어느 시점에 가서는 이 불가능한 과업 앞에서 물러나고 만다. 이 체제가 던지는 치명적인 메시지는 지식 전수 이외의, 관계 차원에서 가치를 매길 수 없을 정도로 중요한 부분에 쏟을 시간이 전혀 없다는 사실이다.

실제 삶과 무관한 학습

삶 속에서 배운다는 것은 경험으로 익힌다는 뜻이다. 인간의 능력과 도구 운용 능력은 삶이라는 현실과 의식적으로 씨름해가면서 발달한다. 공동체 의식을 심어주는 경험과 자기효능감의 경험은 삶 속에서 배우고 행동함으로써, 다시 말해 내가 중요하다는 것, 내가 쓰인다는 것, 내가 뭔가를 할 수 있고 다른 이들이 그것에 대해 기뻐한다는 것이 내게도 중요하다는 것을 경험함으로써 생겨난다. 의미부여 행위는 건강함을 만들어내는 세 가지 기본요소의 하나다. 하지만 20세기의 학교의 핵심은 말하기 학교이자 듣기 학교로, 책으로 배우고 수업을 들으며 받아적기에 그 초점을 두고 있다. 여기서 말하는 핵심이란 '그럴싸해 보이는 학습'으로, 진정한 학습의 성격이 없다는 것이다. 그리고 학생들 또한 이것을 감지하고 있다. 거기에는 의미 상실, 경험 상실 및 동기 상실이라는 큰 위험성이 내재해 있다. 직접 학습과 자기효능감의 경험이 없기 때문이다. 경험이란 가르침을 늘리는 것으로 대체할 수 있는 게 아니다. 아무리 살펴봐도 평생 써먹지 못할 게 뻔한 교재를 애써서 파고들라는 말에 학생들은 의욕을 잃는다. 하지만 같은 소재라도 그것이 실제 삶에 가까운 프로젝트 속에 포함되어 있으면 아이들은 거기서 학습의 의미를 발견한다. 교재가 삶의 일부가 되는 것이다.

계층성과 가상의 안전

20세기의 학교에서는 우열의 계층이 두드러지며, 이로 인해 '선별'이라는 개념이 생겨났다. 이 낡은 개념을 떠받치는 기둥이 관리와 통제이며 이따금 두려움도 포함된다. 지도부는 조정, 통제, 표준화를 담당하고 효율성을 제공해야 한다. 정해진 수업계획과 중앙통제식 시험 방식은 비교 가능성을 보장해준다. 수업은 사전에 전부 계획되어 있으며 수업을 시작할 때부터 무엇이 결과로 나와야 하는지 정해져 있다. 오늘날에도 예비교사들은 교원양성 교육과정을 통해 똑같이 사회화된다. 성적 분포는 숫자 1에서 6(독일의 평점체계로, 1점은 최우수 등급이며 6점이 최하위 등급임.-역자)까지의 가우스 정규분포 곡선에 의해 정해진다. 예상 밖의 일은 정해진 계획에 방해가 된다고 여겨진다. 그러나 역동적 변화와 의외의 사태를 건설적으로 다룰 줄 아는 것이야말로 결정적인 능력이 될 미래에는 그런 방식은 시대착오적이고, 눈높이를 맞추어 함께 행동하며 역량을 투입해 새로운 것을 개발한다는 인간상에도 부합하지 않는다.

선별 시스템

이질적인 집단 안에서 활동하고 행동할 수 있는 능력은 경제개발협력기구(OECD)가 학교에서 배워야 한다고 규정한 세 가지 핵심 능력 중 하나다. 이질성을 다루는 일은 사회의 미래대처 능력에 결정적인 의미를 갖기 때문이다. 이는 평화 문제의 핵심이다. 20세기의 학교는 이런 이질성을 중요한 능력, 보물과도 같은 것으로 보지 않고, 오히려 선별 시스템에 방점을 찍는다. 그러나 우리 아이들이 서로 어울려 함께 배우는 경험을 한 번도 하지 않고 어떻게 이 하나 된 세계에서 함께 사는 방법을 배울 수 있는가? 인간이 서로 다르다는 것은 모든 사회를 위한 자양분 중 하나다. 하지만 대다수 사람들은 이런 것을 학교와 관련지어 상상하지 못한다. 학교에서 그런 게 어떻게 가능한가, 그건 우리가 경험한 학교, 우리가 품고 있는 학교의 여러 이미지에 들어맞지 않는다고 주장한다. 책을 읽는 것만으로 새로운 자세와 태도를 배울 수는 없다. 이는 여러 가지 새로운 경험을 함으로써 생겨난다. 그리고 우리 어른은 다음 세대가 이 '다양성'이라는 자양분을 경험할 수 있도록 기회와 과제를 선사해야 한다. 네트워크를 통해 서로 연결된 세상에서 자라고 있는 우리 아이들은 세계시민이 된다는 것, 국경을 넘어 공유한다는 것이 무슨 뜻인지 알고 있다. 하지만 학교라는 환경 속에서 우리 아이들이 경험하는 것은 그 반대, 이를테면 선별과 경쟁심이다.

유럽 연합(EU)은 인권, 민주주의, 사회통합 및 지속가능성이 교육정책의 주요 목표라고 선언했다. 그러나 20세기의 독일 학교는 기회불균등과 배제에 관한 한 여전히 세계 챔피언이다. 조기선별(5학년에 올라갈 때 진로가 결정되는 것.-역자)에, 한번 결정된 진로를 변경하기가 쉽지 않아 계층 이동성은 없다시피 하고, 학업 중단자 및 교육 패배자도 많다 보니 선진 공업국가 중 독일만큼 교육의 성공 여부가 부모의 사회적 지위에 강력하게 의존하는 나라도 없다.

선별제도는 초등학교 때 이미 영향력을 발휘하는데, 이는 현대사회에 맞지 않다. 이 제도는 교사의 행동을 제약한다. 많은 초등학교가 이미 학습문화를 바꾸어 학생들의 역량을 강화해주고 키워주고 있다. 하지만 늦어도 상급학교로 가기 1년 전에는 이들 중 대다수에서 학습문화의 확연한 단절이 일어남을 볼 수 있다. 대다수 어른은 자기 아이들이나 손자를 통해 직접 경험하거나 친구들에게 이야기를 들어서 알고 있을 것이다. 별안간 선별이라는 얼음장 같은 바람이 분다는 것을. 이렇게 되면 관심사는 더 이상 아이들이 아니라 평균 점수, 경기에서처럼 소수점 한 자리까지 따지는 '점수'다. 역량 강화 대신 평가가 자리를 잡는다. 4학년이 되면 많게는 스물두 번의 필기시험을 치른다. 이 시험이 아이들의 나아갈 길을 결정한다. 3등급 점수를 받은 아이들은 눈물을 흘린다. 자신을 낙오자라고 여기기도 한다. 이런 점수의 압박 아래에서 아이들은 다른 아이들에게 압박을 가한다. 나쁜 점수를 얻은 아이를 루저_{Loser}라고 비웃는 것이다. 교사도, 부모도, 아이들도 압박을 받는다. 이건 건강하다고 할 수 없다. 이런 평가와 선별의 광기 속에서 아이들의 심성을 가지고 뭘 어떻게 하겠다는 건가? 누가 더 우수하다거나 더 우수해져야 한다는 식의 분위기는 사회적 공존에 독을 뿌린다. 아이들은 개인적으로 애쓰는 자세를 가진 존재로 여겨지지 않고, 성과를 내야 하는 존재로 기능하게 된다. 그 결과 아이들은 마음의 상처를 입고, 심신 건강의 문제를 겪으며, 두려움을 갖게 된다.

이 문제에 대해 우리는 무엇을 대안으로 내놓을 수 있을까?

시스템이 일으키는 여러 결과

미래의 여러 도전과제는 인지 능력과 더불어 창작에 대한 애정, 사회에 대한 책임, 관계 형성 능력, 가치 인정의 능력을 요구하는 반면, 20세기의 학교는 아이들을 수동적 소비자이자 의무 완수자로 만들 위험성이 있다. 피사PISA 테스트 및 기타 과목별 능력에 관한 비교 연구는 과목별 지식이 인간성이나 함께 살아가는 능력보다 훨씬 더 중요한 것처럼 오도하고 있다.

20세기의 학교는 각종 시스템의 패배자를 만들어낼 뿐 아니라 여러 추가적인 보조수단을 통해 이 시스템을 오로지 그대로 유지하려고만 한다. 여기에 동원되는 것이 과외 교사, 과외 어머니 및 수천 개의 과외 교습 기관이다. 독일의 부모들이 과외 수업에 지출한 돈이 연간 15억 유로다. 아이들 그리고 학교가 처한 비상상황의 근본에 다가가야 하지만, 이런 잘못된 상황이 큰 저항 없이 받아들여진다. 성적을 올려야 한다는 생각이 머릿속에 단단히 박혀 있는 것이다. 그러다 보니 초등학교 학생들까지 과외를 받는다. 김나지움 진학 추천서를 받고 싶기 때문이다. 하지만 과외 수업이라는 이 두 번째 시스템은 오히려 기회불균등을 심화시키고 있다.

그 결과 시스템상의 패배자가 양산되었을 뿐만 아니라 질적인 문제까지 생기게 된다. 지식전달을 우위에 두는 기존 시스템 안에서 이른바 성공을 했다는 아이들조차도 방향성이 인지 능력에 치우친 탓에 탁월성을 발휘하기는커녕 자기 내면에 잠든 잠재력을 완전히 펼치는 데에 오히려 방해를 받는 것이다. 조기선별이란 결점 찾아내기라는 관점을 내포하고 있으며, 강화한다. 즉, 시스템하에 있는 우리 교사들로 하여금 단기적 결과(아이들의 성적, 특히 주요 과목 성적의 양호함 여부 등)에만 집중하게 만드는 것이다. 낡은 시스템은 이렇게 교사를 아이의 부족함을 캐내는 사람으로 만들어버린다. 이는 교사들이 이런 행위를 하면서 품고 있는 확신과는 반대된다. 그들은 어디까지나 선한 의도로 오류와 부족함이 없는지 살펴본다. 그걸 없애주기 위해서 그런다지만 그들은 '인간의 보물'을 찾아내는 사람이 되기 위한 훈련을 받은 적이 없으며 정신이 갖는 가치와 유효성을 배우지 못했고 그 외에도 여러 필수적인 기본 요건들을 갖추고 있지 못하다. 좋은 학교는 장점에서부터 출발하여 모든 관여자의 잠재력을 전개하고 각각의 자질을 의미 있는 상황 속에 투입할 수 있도록 기회를 제공해준다. 이때의 딜레마란, 결함 지향성과 잠재력 전개 문화가 서로 공존할 수 없다는 점뿐이다.

이 딜레마를 누구보다 강하게, 피부로 직접 느끼는 이들은 다름 아닌 교사들이다. 아이 한명 한명을 개별적으로 키워주어야 한다는 요구와 이 요구가 현재의 수업조직으로 인해 방해받고 있다는 데에서 오는 딜레마다. 내면의 지식과 반대되는 행동을 지속하는 것은 강력한 스트레스 요소 중 하나다. 숨겨진 교과과정에서 가장 큰 작용을 하는 것은 학교 시스템 그 자체다. 이 시스템은 젊은이들에게 다양성을 허용하지 않는다. 이 시스템은 승자와 패자가 있음을 가르치고 경쟁심을 심어주며 약자는 저 바깥에 머무른다는 것을 가르친다. 그리고 인생의 의미가 최우수 학생이 되느냐의 여부에 달렸다고 가르친다.

조기선별이라는 압박감이 생각과 행동을 규정하는 한, 독일의 학교는 비인간적 작용을 근본적으로 줄이지 못할 것이다. 미래의 학교는 인간의 학교일 것이다. 배제가 아닌 포용이 당연시되는 학교를 함께 꾸려감으로써 학교에 있으면 좋다는 기분이 들게 해주고 아이들이 의미 있는 경험을 할 수 있게 해주는 것을 자신의 소명이자 책임이라고 여기는 사람들이 이 일에 함께할 것이다. 이들은 시스템을 채워가는 자가 아니라 시스템을 형성하는 자가 되고자 한다. 인간의 학교에서 아이들은 '자존감sense of dignity'과 '소속감sense of belonging'을 경험하며, 이를 통해 아이들은 미래가 (어디까지나 인간적이고 사회적인 척도에 의거하여) 자기효능감으로 형성될 수 있음을 배운다. 중요한 것은 더도 아니고 덜도 아닌, 인간적이고 연대적이고 생태적이고 경제적이며 다문화적인 세계를 바라보는 시각과 더불어 여러 경험과 능력을 획득하는 일이 될 것이다.

아이들이 용기를 내어 자신만의 남다른 능력을 발휘할 수 있도록 우리 어른들은 길을 열어주어야 한다. 스스로 책임지고 행동할 기회, 자기효능감이 있는 미래지향적인 행동을 할 기회를 마련해주는 것. 이것이 우리 어른에게 주어진 과제다. 우리는 용기를 내서 적극적으로 비전을 제시해야 하며, 본보기로서 여러 비전을 생각할 뿐 아니라 실천까지도 해야 한다. 지금 당장!

정치적 한계

독일에서는 교육정책이 각 주의 소관이다. 그래서 학교의 형태, 명칭, 초등학교 재학 기간, 다른 종류의 학교로 옮기는 것에 관한 규정, 교과과정, G8과 G9 또는 베를린의 경우처럼 G7(김나지움의 수업연한. 주에 따라 7, 8, 9년제가 가능.-역자)의 채택 여부가 주마다 다르다. 따라서 교육이 아이들을 생각한 교육학적 고려를 통해 도출되는 것이 아니라 권력층의 이익과 정당 간의 정쟁에 종속되곤 한다. 독일은 연방제 구조라 국가 차원의 교육 비전, 국가 차원의 교육전략을 펼치기가 어렵다. 절실히 필요한 이 두 가지를 외면한 채 여러 소소한 개혁조치와 그럴싸해 보일 뿐인 논쟁에만 몰두한다. 범지구적 네트워크화가 이루어지는 요즘 시대에 독일에서는 교육 문제에 관한 연방과 주 사이의 협력이 금지되어 있다. 각 주는 서로 경쟁하는 관계 속에서 일하며, 교사 부족 시대를 맞이하게 되면서 교직을 구하는 이들에게 선물까지 제공해가며 서로 인력을 가로채려 한다.

독일에서는 기본 시스템의 문제가 정치적으로 아주 뜨거운 주제이다 보니, 정치권에서는 이 문제를 아예 논쟁에서 배제해버린다. 김나지움 및 제2의 학교형태라는 쌍축 모델에 합의하는 것으로 보이기는 하나, 이는 대안이 아닌 정치적 평화를 위한 것일 뿐이다. 그러나 우리는 스스로 묻지 않을 수 없다. 사회적 포용이라는 중심 가치가, 또 관점의 변화와 공감 능력 그리고 타인에 대한 배려와 존중이라는 것이 선별에 근거를 두고 있는 학교 안에서 자라날 수 있을까? 그것으로 인간의 잠재력을 완전히 길어올릴 수 있는가?

우리 사회에 부족한 것은 지식이 아니라 함께한다는 의식, 우리라는 느낌 그리고 커다란 전체에 대한 책임이다. 잠재력 전개에서 중요한 것은 인간으로서의 온전한 잠재력 그리고 개개의 수많은 차이에도 불구하고 모든 이가 공통으로 가지고 있는 인간성이다.

5.
국제 전문가 집단의 전망

지난 수십 년 간, 탁월한 국제 전문가 그룹이 학습에 대한 접근방식에 있어 근본적인 변화가 필요하다고 주장했다. 이런 요구는 참으로 시의적절하다.

에드가 포르Edgar Faure 주도하에 생겨난 『우리는 살아가는 법을 어떻게 배우는가Wie wir leben lernen』라는 문건은 교육 프로그램의 목표와 미래에 대하여 유네스코가 발간한 보고서인데,[7] 이 문건은 평화롭고 인간적인 미래를 확보하는 일에 책임감을 느끼고 적극적, 민주적으로 힘쓰게 하는 것이 모든 교육업무 및 학습이 추구해야 하는 핵심 목표라고 말한다. 전통적인 학교와 교육기관은 절반 가까이까지 사장된 잠재적 재능을 발달시켜줄 수 없다고 한다. 이 보고서에 따르면 중요한 것은 실제 삶, 실제 노동 상황 속에서 자연스러우면서도 상황에 부합하는 학습을 추진하는 것이며, 이를 이루려면 학생에게 새로운 역할이 부여되어야 한다는 것이다.

"종래의 생각이나 관행과는 달리 학습자 중심으로 수업이 짜여야 하며, 사전에 정해진 여러 수업규칙에 학습자가 종속될 필요는 없다."(『우리는

살아가는 법을 어떻게 배우는가』290쪽)

"현 상황에서는 여러 가능성이 늘어난 데다 이미 많은 경험이 이루어졌으므로, 부분적 개혁을 관철하는 것만으로는, 설사 그것이 아무리 중요하다 해도, 부족하다. 오히려 교육제도의 기본 구상과 구조를 건드리는 근본적인 대안에 주목해야 한다."(같은 보고서 246쪽)

이런 생각은 7년 뒤인 1979년, 로마클럽에 의해『인간의 딜레마. 미래와 학습Das menschliche Dilemma. Zukunft und Lernen』이라는 보고서를 통해 포착, 확대된다.[8] 저자들에 따르면, 여기서 '인간의 딜레마'란 "모든 상황의 복잡성 증가와 그 복잡성에 유효하게 대응하는 우리의 능력 사이의 불일치"(같은 보고서 25쪽)를 말한다. "인류의 지식과 권력이 그 정점에 다다른 바로 그 역사적 시점에 우리 인류는 많은 문제점들에 직면해 있다"(같은 보고서 26쪽)는 게 우리가 맞닥뜨린 도전과제라는 것이다. 그리고 그 딜레마의 크기는 "권력과 지혜 사이의 불균형"에 반영된다고 한다(같은 보고서 92쪽). 전 세계 차원의 여러 문제를 지식의 극대화만으로는 해결할 수 없다는 것은 분명하다. 지식의 극대화는 오히려 문제를 더 심각하게 만든다. 그러므로 현재의 '전통적인 교육 기준'을 비판적으로 수정할 필요가 있다는 것이다. 그리고 이 기준들은 "윤리적 차원을 통해서 완성되어야 한다"(같은 보고서 127쪽). 이 보고서에서는 "학교는 특별히 언어에 가치를 두는데, 인간적인 여러 가치는 어떻게 되었는가?"라고 지적한다. 그리고 "혁신적 학습과정이 차단됨으로써 나타나는 여러 결과는 "인간이 지닌 잠재력이 허무하게 낭비되는" 것이라고 경고한다(같은 보고서 112~113쪽). 혁신적 학습과정을 도입하려는 기본 의도 중 하나는 부적절한 경계, 즉 개개의 전공 분야 간의 경계, 대학과 사회의 분리 그리고 학교와 삶의 분리를 극복하는 일이라는 것이다.

유네스코의 들로르 위원회Delors Kommission는 포르 위원회Faure Kommission[9] 이후 25년 만에 '어떻게 하면 죽어 있는 잠재적 능력이 고양될 수 있는 지'를 구체화하려고 했다. 따라서 그 제목도 '배움: 내면의 보물Learning: The Treasure Within'이다. 이 위원회가 출발점으로 삼고 있는 것은 향후 인류의 진전은 경제 성장보다는 전체의 발전을 합리적으로 통제하는 데에 필요한 인간 능력의 성장에 더 크게 좌우될 것이라는 확신이다. 다음과 같은 네 가지 학습이 기둥이 되어 이런 사회를 떠받칠 것이라고 말한다.

- 지식을 획득하는 방법 배우기
- 함께 살아가는 방법 배우기
- 행동하는 방법 배우기
- 존재하는 방법 배우기

들로르 위원회가 언급한 본질적인 내용은 다음과 같다. 한 인간의 능력을 개발하는 일은 개인의 성숙과 자립, 스스로 생각하고 결단하는 능력 그리고 삶과 학습을 자기 스스로 창의적으로, 책임감을 가지고 통제할 수 있는 능력을 목표로 삼아야 한다. 그 과정에서 개별 학습자의 평생학습도 점점 더 자립적이고 자기주도적으로, 자기 책임 아래 형성되어야 한다. "교육은 새로운 인문주의의 씨앗이 되어야 한다. 윤리적인 요소가 뚜렷하며 여타 문화 및 문명이 지닌 많은 영성적 가치를 깨닫고 존중하는 일에 가치를 두는 그런 인문주의이다."(『배움: 내면의 보물』41쪽) 또한 학습은 "…개별화된 개개인과 아득히 먼 정치적 권위를 연결해 주는 단위인 하나의 활발한 공동체를 구축하는 것"에 도움을 주어야 하며, 그 과정에서 "누구든 그 사회 내에서 자기 몫의 책임을 떠맡는 것"이 가능해야 한다는 것이다. (같은 문서 52쪽)

들로르 위원회가 호소하는 바는 분명하다. "인간이란, 뭔지도 잘 모르고 말로 표현하지도 않으면서도, 이상을 동경하고 도덕적이라고 불리는 여러 가치를 그리워한다. 이로써 교육이 지니고 있는 가장 숭고한 과제는 모든 개개인을 격려하여 전통과 신념에 합치되도록 행동하고 다원주의를 전적으로 존중하며 진심과 합리로써 보편의 차원으로 나아가고 그리하여 어느 정도 자신을 넘어서서 성장하게 하는 것이다. 여기에 인류의 생존이 달려있다고 말하는 것은 결코 과장이 아니다."(같은 문서 15쪽)

이에 따라 지속 가능한 발전을 위한 교육이라는 개념이 태어났고, 국제연합(UN) 회원국들은 2005년부터 2014년까지를 지속 가능한 발전을 위한 10년이라고 선포했다. 위원회는 다음 원칙을 전 세계 각국의 교육 시스템 내에 정착시키고자 한다.

형성 능력 개념
- 개방적이며 새로운 관점들을 통합하는 방식으로 지식 구축하기
- 앞을 내다보면서 여러 발전 현상들을 분석하고 평가하기
- 여러 인식을 학제적인 방식으로 얻고, 이에 따라 행동하기
- 다른 이들과 함께 계획하고 행동하기
- 집단적 결정 과정에 참여하기
- 적극성을 띠도록 자신과 남에게 동기 부여하기
- 자신이 모범으로 삼는 것과 타인이 모범으로 삼는 것 성찰하기
- 독자적으로 계획하고 행동하기

• 타인에 대한 공감 보여주기[10]

　경제협력 개발기구(OECD)의 연구결과는 개별 국가 및 유럽 차원의 교육정책에 상당한, 때로 분열적이기도 한 영향을 미친다. OECD는 지난 1990년대에 교육을 경제 요소의 하나로서 의제에 올렸다. 이후 교육 경쟁, 능률 및 비교 가능성을 몰아붙이기 위해 피사 테스트가 개발되었다. 이 테스트를 둘러싼 논란에는 장단점이 있다. 피사를 통한 반복적인 점검은 한편으로는 국가 간의 경쟁을 유발해 종종 단기적 조치로 이어지기도 한다. 국가 순위를 좀 더 높은 쪽으로 올려놓기 위해서다. 정말 깊이 파고드는 변화들은 소수의 시스템에서만 확인된다. 독일의 수많은 학교는 수업 활동을 피사 테스트에만 맞추고 있는데, 이렇게 함으로써 부분적으로 기존 시스템이 합법화된다. 이는 피사 테스트라는 프로젝트의 커다란 단점이다.

　하지만 초점을 피사 테스트의 기본 이념에 맞춘다면 학습이라는 것이 미래에는 어떤 모습을 지녀야 할지 폭넓게 생각해볼 수 있다. 이는 우리가 피사의 수학과 언어 능력 시험이라는 형태를 통해 피사에 대해 알 수 있는 것을 크게 넘어선다.

　OECD 보고서인 『피사와 핵심 능력의 선별*PISA und die Auswahl von Schlüsselkompetenzen*』(2005)에서 '학교에서 배우는 지식과 인지 능력을 넘어서서'라는 제목 아래 언급되는 내용은 다음과 같다.

　"우리는 적응 능력만이 아니라 혁신 능력, 창의성, 스스로 책임지는 능력 및 스스로 동기를 부여하는 능력도 인간에게 필요하다고 본다. 오늘날의 여러 도전과제를 다루려면 복잡한 정신적 과제들을 해결하는 능력이 있어야 한다는 데에 수많은 학자와 전문가들은 의견의 일치를 보인다. 이는 지식을 모아 단순히 재현하는 것을 크게 넘어서는 능력이다. 인지적, 실용적, 창의적인 여러 능력의 동원 그리고 예컨대 견해, 동기 및 가치관 같은 다른 심리사회적 자원들의 동원에 제약을 가하는 것은 소수의 열쇠 같은 능력이다. (중략) 이 열쇠가 되는 능력들의 핵심을 형성하는 것은 도덕적이고 지성적인 성숙함의 표현으로서의 독자적 사고를 할 수 있는 능력 그리고 자신의 학습과 행동에 대한 책임을 떠맡을 수 있는 능력이다."[11]

OECD는 모든 교육 시스템 속에서 추구해야 할 핵심 능력을 규정했다. 이 능력은 열쇠가 되는 능력으로, 전문가에게만이 아니라 우리 사회의 모든 구성원에게 필요하다. 이런 능력은 집단이 맞닥뜨린 도전과제(경제성장과 지속 가능한 발전 간의 균형, 부와 사회적 균등 간의 균형을 만들어내는 것 등)를 극복하는 데에 도움이 되어야 한다.

열쇠가 되는 능력을 세 가지 범주로 분류해서 살펴보면 피사를 바라보는 완전히 새로운 시각이 열릴 것이다.

- 이질적인 집단 내에서 상호작용하기

  시민이라면 사회적, 문화적으로 이질적인 여러 집단 안에서 성공적으로 교류하여 함께 행동할 수 있어야 한다.

- 자율적으로 행동할 수 있는 능력

  인간은 자기 삶의 형성에 대한 책임을 떠맡을 수 있어야 하며, 자기 삶을 보다 큰 맥락 속에서 이해하고 자율적으로 행동할 수 있어야 한다.

- 여러 매체 및 수단(예를 들어 새로운 여러 정보기술 등)을 상호작용에 응용하기

인간은 점점 더 그물처럼 촘촘히 연결되는 세상 속에서 이런 도구들을 충분히 이해해야 한다. 그래야 그것들을 자신의 목적에 맞게 이용할 수 있다.

주목할 만한 사실은, 독일은 OECD의 2009 피사 테스트나 국제 교육성과 측정협회IEA: International Association for the Evaluation of Educational Achievement의 2009년 시민교육 연구Civic-Education-Studie der IEA에서 여러 사회적 및 정치적 능력의 측정에 참여하지 않았다는 사실이다. (2009 피사 테스트에서 언어·수학 등에는 참가했으나 사회·정치 분야는 참가하지 않았음.- 역자)

근본적인 질문을 해보자. '우리는 옛것, 기존의 제도화된 것을 더 잘 하는가?' 내지는 '우리는 과연 올바른 것을 하기는 하는가?' 라는 질문이다.

우리의 대답은 이렇다. 우리가 현재 하고 있는 일은 옛 시스템을 개선하고 최적화하는 것으로, 시스템 내재적이며 비용 중립적이다. 거기서는 그 어떤 미래 설계도 자라날 수 없다.

독일 내에도 우수한 학교가 다수 있다. 독일 연방 공화국 내의 도처에 말이다. 20세기의 학교를 내던져버린 학교들, 다양성과 민주주의를 살아가는 학교들이다. 이런 학교들은 인간성이 작동하고 인성이 형성되는 곳이다. 그러나 아직 부족하다. 우리가 '독일의 학교'라고 말하면 그것은 독일 연방 내에 있는 4만 개에 달하는 모든 학교를 의미한다. 그 대다수는 오늘날에도 20세기적 사고 모형과 관계 모형에 사로잡혀 있다.

이런 표면에 균열을 내야 한다. 이 작업에는 너나 할 것 없이 모두가 다 필요하다. 우리는 모든 인간이 이러한 균열에 흥미를 갖고 있으며 때가 무르익었다고 믿는다.

6.

잠재력 전개의 문화

새로운 학교문화를 펼치기 위한 바탕

잠재력이란 무엇인가? 인간에게는 저마다 자신조차 모르는 여러 가능성이 잠들어 있다. 어떤 사람이 무엇을 할 수 있는지 없는지를 판정하기란 쉽지 않다. 또한 자신이 어떤 잠재력을 가졌는지 인간은 아직 전혀 알지 못하는 것 같다. 그러나 우리 내면에서 잠들어 있는 그 잠재력에 이르기 위해서는 살아가면서 그걸 발견하게 해줄 다양한 가능성, 예컨대 감동적이거나, 도발적이거나, 영감을 불어넣는 상황을 접해야만 한다. 특히 성장기, 즉 유년기와 청소년기는 그 이후의 모든 삶에 결정적인 영향을 미치는 시기이기 때문에 특히 중요하다. 아이들은 이 시기에 인생 탐구를 위한 여행의 첫발을 내딛는데, 자기 삶의 길을 개방적으로, 내면적 차단 없이 걸어갈 수 있어야 한다. 이 시기에 자신의 가능성에 대한 믿음을 배우지 못한 사람은 나중에 자신의 힘과 능력에 대한 신뢰를 쌓는 게 힘들어진다. 자신이 뭔가를 할 수 있음을 일찍 경험해본 이는 나중에도 자신의 가능성을 더 잘 키워내고 자신의 삶을 힘차게 형성하며 전체에 대한 유의미한 기여도 더 쉽게 해낸다. 따라서 잠재력을 발견하려면 인간, 그중에서도 특히 어린 세대는 자기를 성장시켜 줄 수 있는 과제를 통해 자기효능감을 경험하고 나아가 자기만이 아니라 자기와 관계를 맺는 너, 즉 상대방과 만나게 되는 그런 가치존중의 관계문화 속에서의 인정認定을 경험할 필요가 있다.

잠재력의 전개란 자신만의 소질과 재능을 발견해 그것과 함께 성장하는 것을 말한다. 그 과정에서 자기인식과 자신감 그리고 세상에 대한 인식도 확대된다. 인간은 자신의 잠재력을 펼칠 수 있는 곳에 있을 때 학습과 삶에 대한 기쁨과 욕망이 생겨난다. 그러므로 잠재력 전개는 인간이 자기 책임하에 삶을 성공적으로 꾸려가기 위한 토대라고 할 수 있다. 그런 삶 속에서 인간은 각자가 독자적인 소질의 소유자로서 존엄성을 갖고 있으며, 자기효능감을 누릴 권리를 갖고 있다.

앙겔라 메르켈Angela Dorothea Merkel 총리는 이러한 사상을 받아들여 자신이 편찬한 미래 대화에 관한 책의 서문에서 다음과 같이 언급했다. "우리나라에는 온갖 재능이 필요합니다. 그리고 우리 모두는 나름의 재능을 갖고 있습니다. 그 누구든 어느 정도의 기여를 할 수 있습니다. 이는 모든 사람에게 해당됩니다. 장애가 있든 없든, 성과가 뛰어난 사람이든 아니든, 이른바 약자라고 불리는 사람이든 구분 없이 전부 말입니다. 그런데 사실 그 약자라 불리는 이들도 흔히 우리가 그들을 신뢰하지 않기 때문에 약자가 되는 것입니다." 총리는 계속해서 "왜냐하면 교육은 단순한 지식전달을 크게 뛰어넘는 것이기 때문입니다. 넓게 보면, 교육은 각 개인에게 자신의 힘으로 무엇을 이룰 수 있는가를 상상할 공간을 만들어줍니다. 스스로 결정하는 삶을 가능케 해줍니다. 용기와 희망을 만들어줍니다. 교육은 상황을 변화시킬 힘, 자기가 처한 상황과 사회적 상황을 변화시킬 힘을 줍니다."[12]라고 말했다.

잠재력 전개

인문주의적 인간상

잠재력 전개라는 아이디어 자체는 새로운 게 아니다. 인간 능력의 '최대한의 발휘'라는 이상은 고대부터 있었다. 모든 가능성과 자질을 동원해 자신의 능력을 온전히 발휘하고, 그리하여 완전한 존재에 이르는 것은 인간의 기본적인 욕구이기 때문이다.

이런 프로세스의 바탕은 인간이 그 모든 다양성에도 불구하고 각자가 자질 면에서 유일한 존재이며, 그리하여 하나의 개체로 결정화된다는 점이다. 이렇게 말할 수도 있다. 우리는 모두 자기만의 잠재력을 하나씩 지니고 이 세상에 나온다. 사회는 개인의 이런 유일성에 주목해주어야 한다. 이런 유일성이 있기에 우리는 그 귀한 자질이 드러나고 촉진되도록 길을 열어줄 의무가 있는 것이다. 이렇듯 다양성이란 유일성을 바탕으로 생겨난다. 다양성은 그 자체로 하나의 가치다.

개별성을 고립화와 혼동해서는 안 된다. 개별성은 과거 독일에서 여러 번에 걸쳐 집단의 압력과 강박에 종속된 적이 있었다. 이것이 우리의 목표여서는 안 된다. 우리가 말하는 개별성은 공동체를 필요로 한다. 상대가 필요하고, 타자와의 다툼이 필요한 것이다. 이런 의미에서 인간이 자신의 유일성과 소속감을 체험하는 곳, 게랄트 휘터Gerald Hüther가 말한 '개별화된 공동체'의 창출이 성공적으로 이루어지는 곳에서 조작이나 오도誤導 없이 개인을 전체의 일부로 강화시켜주는 일체화의 감각과 지식이 생겨난다. 그렇게 되면 상호간의 가치 인정 및 존중의 태도를 바탕으로 공동 창의Ko-kreation의 토대와, 개인 이익과 공동 이익의 협연을 추구하는 책임성이 만들어진다.

인간 각각이 유일함을 아는 것과 공동체가 필요함을 안다는 것은 동전의 양면과 같다. 한쪽을 취약하게 만들면 다른 쪽도 약해지는 것이다. 개성 없는 공동체는 조작 가능한 군중이 된다. 반대로 공동체 없는 개성은 고립으로 이어진다. 자신의 가치와 자의식이 공동체 안에서도 살아 있어야 비로소 일체감이 생겨날 수 있으며, 이 일체감은 각자의 개성을 펼칠 수 있는 자유에 의해 지탱된다.

잠재력 전개의 과정은 당사자에게만 의미 있는 게 아니라 조직 및 전체 집단에게도 중요하다. 인간, 그룹, 조직, 시스템 등이 더 활기 넘치고 똑똑해지며 더 창의적, 혁신적으로 변하며 눈앞에 닥친 도전과제와 예상 불가능한 일에 대해서도 더 잘 대응하게 되는 것이다. 결과적으로 우리가 21세기의 주인공임을 경험할 기회는 더 늘어난다. 우리는 자기 삶을 스스로 책임지는 가운데 우리 세계의 여러 현상을 파악하는 법과 환경을 형성하는 법을 배운다.

경제와 혁신 능력

개인과 공동체의 상호작용이라는 새로운 아이디어는 왜 필요할까? 우리를 이런 생각으로 이끈 것은 삶의 세계와 노동 세계의 변화다. 기업계로 눈길을 돌려보면 명확하게 드러난다. 급격한 문화변화가 일어나고 있는 것이다. 기업의 미래는 잠재력을 펼치자는 생각을 과감히 시작할 수 있는가의 여부에 달려있기 때문이다.

이미 다수의 기업이 노동 및 경영 문화를 바꾸고 있다. 성공이란 직원들의 재능과 열정을 장려할 수 있을 때 나타나는 것이며, 경직된 규정 따위를 내세워 그들의 발전을 제약해서는 불가능하다는 것을 기업들이 인식하고 있기 때문이다. 직원들은 사람을 존중해주는 분위기를 필요로 한다. 그래야 창의적이고 적극적으로 기업의 목표에 헌신할 수 있다. 지식에 기반을 둔 노동 세계에서는 이전과 같은 효율성 추구 전략이 인간을 고려하지 않은 평가 논리로 인해 그 소명을 다했음이 점차 드러나고 있기 때문이다. 그 평가 논리는 인간을 포기해버렸기 때문이다. 따라서 기업이 미래를 감당하려면 인간 중심의 경영문화에 동참해야 한다고 요구받는 것이다.

이런 문화적 변화에 특히 결정적인 작용을 한 것은 오늘날의 경제적 성공이 혁신 능력과 창의 능력에 좌우된다는 사실이다. 기업은 조직 전체 차원에서든 고객과의 관계 차원에서든 크고 작은 혁신을 내놓아야 한다는 요구를 받고 있다. 그렇지 않으면 기업은 존재 의미를 상실한다. 이런 요구를 감당하려면 사람이 있어야 한다. 자신의 창의성을 당당하게 표현하고, 팀의 일원으로서 하나의 공동 창의 과정에 참여할 수 있는 사람이다. 이는 가치 인정이라는 문화를 바탕으로 할 때만 이루어질 수 있다.

노동계에서의 이런 변화가 갖는 중요성은 자기실현 및 경제 측면에서의 혁신 능력을 향한 욕구를 크게 뛰어넘는다. 잠재력 전개를 가능케 하는 문화는 우리의 변화하는 인생 조건들이 내거는 도전과제들, 역동성 및 복잡성에 대처하는 해답을 하나 제공해준다. 현재의 여러 사회적 위기상황 속에서 우리에게 필요한 것은 삶을 장려해주는 인간 중심 사회를 위한 지속적인 해결책이다. 그리고 이런 해결책은 한 가지 시각이나 사고방식에서는 나올 수 없으며, 오히려 오늘날 우리가 마주하고 있는 대다수 문제가 거기서 야기되었다. 따라서 우리는 개인으로서 그리고 집단으로서 자신을 뛰어넘어 성장하라는 요구를 받고 있다. 그렇게 하려면 가치를 인정해주는 일체감의 문화에 기반을 두는 공동 창의가 반드시 있어야 한다. 그래서 우리는 모든 층위로부터의 강력한 압력이 있어야 우리 자신과 타인에 대한 관계에서의 근본적인 변화, 여러 계층 및 지시와 관련한 근본적인 변화에 이를 수 있다고 단언하는 것이다.

경영 및 교육의 모형이 바뀌다

경영 스타일과 교육 스타일이 변화 중이다. 전통적인 권위는 직무, 역할 및 계급에 기반하며 통제, 관철, 권력을 그 특징으로 하는데, 이것이 다른 것으로 교체되고 있는 것이다. 새로운 권위는 뚜렷한 존재감, 승인 및 존경에 기반하며 일체감과 잠재력 전개에 초점을 둔다. 어른은 진정성을 통해 영향을 주며 본보기가 될 수 있고, 닻과 같으며 뿌리와 날개를 제공한다. 이를 위해 필요한 것이 태도의 변화다. 앞서 언급한 콘라트 아데나워 재단의 연구가 분명히 보여주다시피 우리 사회의 가치체계가 하나의 방향 속에서 전개되었으나 기존 기관들은 이 방향을 (아직) 충분히 포착하지 못하고 있다.

"교육 스타일이 학교 시스템과 충돌하고 있다. 부모가 학교와 맺는 관계가 지난 여러 해 동안 근본적으로 변했다. 부모 다수는 자녀의 잠재력이 전면적으로 전개되는 쪽으로 밀어주고자 하며, 개성의 강화를 추구한다. 부모의 시각에서 보면 학교 시스템은 고립된 지식을 전달해주면서 지적, 인지적 능력을 과도하게 중시한다. 부모들이 추구하는 자기 능력의 전개라는 고도의 교육 가치가 학교, 특히 김나지움의 성적요구와 상충하는 것이다."[13]

가정에서뿐만 아니라 수많은 기업 및 조직에서도 지금까지의 관계

학교가 시작하라

및 경영문화를 변화시키는 일이 의제의 최상위 순번에 올라 있다. 잠재력 전개를 추구하는 방향으로의 문화변천이 지니는 특징은 인간과 인간의 잠재력이 중심에 있다는 것, 중요한 것은 간섭이 아니라 놓아두고 믿어주라는 것, 윤리와 의의에 대한 긍정성이 필요하다는 것, 나아가 결과가 정해져 있지 않은 무대 위에 용감하게 올라서는 일이다.

각종 학교법과 성숙한 시민

공동체 의식과 책임감 있는 태도는 민주주의 사회의 바탕이다. 참여능력을 갖춘 성숙한 시민은 민주주의의 정수精髓다. 참여란 협력, 대화 및 공감을 특징으로 하는 하나의 태도다. 유효한 참여는 권리를 요구하는 것만이 아니라 책임을 떠맡는 것도 의미한다. 그러므로 하나의 인격체를 성숙하고 책임감이 있으며 실천 능력을 갖춘 시민으로 키워내는 일은 학교에 위임된 핵심 과제로, 이것이 연방 각 주의 학교법령 상에 '학교에 위임된 교육 및 양육 업무'라고 확고히 명시되어 있는 것은 전혀 놀라운 일이 아니다. 예를 들어 메클렌부르크-포어폼메른 주와 바이에른 주의 경우, 학교에 위임된 교육 및 양육업무의 내용은 다음과 같이 요약되어 있다.

메클렌부르크-포어폼메른 주의 교육법

"학교에서의 교육 및 양육의 목표는 학생들을 다양한 발달을 이룬 성숙한 인격체로 키워내고 이들로 하여금 정의로운 성평등과 관용의 정신 속에서 타인과 여러 민족을 포괄하는 공동체에 대하여 그리고 미래 세대에 대하여 책임감 있는 자세를 갖추게 하는 것이다."

학생들은 학교에서 특히 다음의 것들을 배워야 한다.

- 자립성의 개발 및 스스로 책임지며 행동하기
- 공동으로 사회적 및 정치적 책임 지기
- 공동의 이익을 위해 서로 연대하기
- 정의, 평화 및 창조질서의 보전에 나서기
- 타 민족의 특성 및 존재 권리, 모든 인간의 평등 및 생존의 권리에 대한 이해 발전시키기
- 자연 및 환경을 책임감 있게 다루기
- 경제적 및 생태적 맥락에 대한 이해 발전시키기

바이에른 주의 학교법 – 교육 및 양육 업무의 위임

"학교는 헌법에 근거한 교육 및 양육의 업무를 실현해야 한다. 학교는 지식과 능력을 전수해주어야 하며, 정신과 육체, 마음과 품성을 도야해야 한다. 교육의 최고 목표는 하느님에의 경외, 종교적 신념, 인간의 존엄성 및 남녀평등에 대한 존중, 자제력, 책임감 및 기꺼이 책임지는 자세, 남을 돕는 태도, 모든 진, 선, 미에 대해 열린 자세 그리고 자연과 환경에 대한 책임의식이다. 학생들은 민주주의 정신 속에서, 고향 바이에른과 독일 민족에 대한 사랑 그리고 민족 화해 의식 속에서 양육되어야 한다."

아이들을 용기와 형성 능력을 지닌 성숙한 시민으로 키울 때에 세계적 차원의 책임의식을 갖도록 격려하는 일은 학교가 해야 할 핵심과업이다. 이를 해내려면 경험을 위한 공간이 주어져야 한다. 공동체 의식을 심어주는 경험이란 구체적으로는 현장에서 사람들, 일, 상황과 부대

끼는 가운데 일어난다. 실제 상황 속에서 적극적으로 책임을 떠맡으며 행동을 통해 익히는 학습은 시민사회에 필요한 역량들을 키워준다. 이 역량은 미래에 사용된다. 아동과 청소년의 사회참여는 젊은이들의 정치 및 민주주의에 대한 견해를 뚜렷하게 형성시키는 중요한 행위의 장이기는 하지만 우리 독일에서는 아직 두드러지지 않는다. 사회참여의 잠재력이 활용되지 못하는 것은 그럴 계기와 기회구조가 없기 때문이다. 교육 시스템이 형식화하여 지역사회는 물론 그곳의 정치적, 경제적, 사회적 행위자들과의 네트워크화가 거의 제대로 이루어지지 못한 상태다. 지역 연계성을 회복하고 그것을 통해 직접적인 경험을 가능하게 해주는 것은 꼭 필요한 일이다. 점점 더 가상화되는 경험세계, 가상적으로 네트워크화된 사회에서 이런 연계성은 '세계적으로 생각하고, 지역적으로 행동하자(Think global, act local.)'라는 의미에서 없어서는 안 될 하나의 균형추이기 때문이다.

의식의 발달

우리가 이미 알고 있듯이 잠재력 전개라는 것이 단순히 능력과 기술을 키운다는 것 이상을 의미함은 곧 분명해질 것이다. 그것은 학습을 통해 내재화되는 능력을 늘어놓는 것 이상을 의미한다. 이전의 계층구조와 권위가 변하면 이제부터 어디로 향해야 할지를 알려줄 내면의 나침반이 필요하게 된다.

잠재력의 전개는 그런 나침반의 바늘이다. 우리는 세상과 우리 자신을 어떻게 인식하는가? 우리는 자신을 어떻게 보고, 경험하는가? 내면에서 어떤 능력을 발견했고, 그중 어떤 능력을 이미 발휘하고 있으며, 어떤 것을 추가로 펼치고 싶은가? 어떻게 이 세계의 구조 안으로 끼어들어 그 구조와 관계를 맺는가? 우리를 이끄는 것은 어떤 내면적 태도이며, 우리 자신과 타인의 어떤 의식을 개발하는가? 이 모든 것이 우리 행위에, 우리 체험의 소화 방식에 영향을 미친다. 아동 발달에서 단계와 도약이 나타나듯, 의식의 발달에서도 같은 현상이 평생토록 나타난다.

이 과정에서 관점이 나에서 너로, 우리로 확대되는 일이 일어날 수 있다. 그렇게 되면 이기주의는 점차 뒤로 밀려나고, 보다 포괄적인 의식 구조와 원리가 공간을 확보한다. 목표가 자신을 펼치는 것에서 그치지 않고 상대의 잠재력도 보고 키워주는 것으로 변한다. 그러면 인간은 창의적 공간을 열어주는 능력, 삶에 대한 자신의 열정으로 다른 사람을 고무하는 능력을 개발하게 된다. 개개인의 발달이 전체의 발달, 모든 이의 발달에 기여한다는 의식이 생겨나는 것이다. 이 길 위에서 인간은 자신이 공동의 지향점 속에서 자신보다 큰 무언가를 함께 만들어낼 수 있음을 인식한다. 그러므로 잠재력 전개란 각자의 개별성 및 다양성의 전개(잠재력의 수평적 전개)는 물론 인간 의식의 전개(잠재력의 수직적 전개)를 의미하기도 한다.

마법의 순간

우리 모두가 잘 알고 있다시피, 마법의 순간이 있다. 아주 특별한 일이 일어나는 순간이다. 첼리비다케S. Celibidache가 지휘하는 오케스트라는 한순간에 음악이라는 깊은 마법의 세계를 열어 우리에게 보여준다. 바흐의 파르티타 한 곡을 처음으로 마스터하는 순간. 원고 없이 하는 자유 강연이라는 도전과제, 그걸 마침내 극복해내는 순간. 두려움이 있다고 해서 얼어붙을 수는 없다. 우리에게는 위기에 처한 사람의 곁에 서줄 수 있는 용기가 있다. 문장 하나가 우리를 감동시키고 우리의 깊은 곳을 움직여 우리의 세계 인식을 항구적으로 바꿔버리는 그런 순간이 있음을 누구나 안다. 이것이 마법을 감지하는 순간이며, 새로운 차원으로의 도약이 일어나는 순간이다.

필자는 여러 차례의 강연과 토론에서 참여자들에게 다음과 같이 말했다. "여러분 인생 속의 누군가가, 교사든 부모든 친구든 아니면 멘토나 상급자든, 도전과제나 공간 하나 열어주기를 통해서, 아니면 어떤 자극이나 열정의 일깨움 등을 통해서 당신에게 새로운 세계를 열어주었다면, 그 순간을 떠올릴 수 있나요? 여러분의 삶에서 마법 같은 배움의 순간, 여러분의 재능 전개에서 방향전환의 계기가 된 순간은 무엇이었나요?" 그리고 이에 대해 몇 분 시간을 내어 이웃과 이야기를 나눠보라고 요구했다.

참석자들은 종종 약간 거북스럽다는 반응을 보이기도 했다. 그들은 뭘 들으러 왔지, 기여하러 온 게 아니기 때문이다. 그래도 실제로 하고 나면 그 공간의 분위기와 에너지가 바뀌어버렸다.

남녀노소 가릴 것 없이 누구나 그런 순간을 갖고 있다. 대화 상대가 기억 속에서 끄집어내 말해주는 내용은 감동을 준다. 이 이야기가 말해주는 것은, 잠재력 전개가 생각할 만한 가치가 있는 인생의 순간으로부터 강력한 자극을 얻는다는 것이다. 수백 명이 앉아 있는 큰 강당에서 한 참가자는 공개적으로 이렇게 털어놓았다.

"3학년 때 여선생님이 한 분 계셨습니다. 그때 제 받아쓰기는 형편없는 수준이었죠. 단어 하나하나가 다 틀렸었어요. 그때 선생님이 말씀하셨어요. '네가 그 단어들을 제대로 받아쓰지 못한다는 건 우리가 다 알고 있어. 하지만 넌 멋진 이야기를 읊어줄 줄 알아. 그러니 그냥 그걸 해보렴. 나머지는 나중에 신경 쓰자꾸나.' 그 말에 크게 기운을 얻은 어린 꼬마는 한 해 만에 성적을 두 등급이나 향상시켰습니다."

그 후 어떤 직업을 택했느냐는 나의 물음에 그는 "당연히 교사"라고 답했다. 독일어 담당은 아니었다지만 말이다.

우리에게 도전과제를 던져주거나 용기를 주거나 열정을 불러일으키는, 아니면 그저 우리와 우리의 특별한 재능을 펼칠 공간을 제공해주는 마법의 순간이 있다.

학교도 그런 마법의 순간이 펼쳐지는 장소일 수는 없는 것일까? 왜 아니겠는가. 학교도 그런 곳일 수 있다!

체험으로 익히는 잠재력 전개의 원리

우리가 필수적이라고 여기는 것과 정치, 경제 및 사회에서 우리가 행하는 것 사이의 괴리가 점점 커지고 있다. 우리에게 잠재력 전개가 친숙한 것은 그것을 개인적인 체험으로 익혔기 때문이다. 우리는 그 가치를 인식하거나 직관적으로 알아차리기는 하지만, 사회의 여러 기관에 잠재력 전개가 기본 원리로 뿌리내리고 있지는 않다. 이런 현상은 아이러니하게도 잠재력 전개를 목표로 표방한 기관, 즉 학교에서 특히 심각하다. 정치적 책임이 있는 기관뿐 아니라 시민사회 역시 이를 변화시킬 수 없을 것 같다는 느낌도 든다. 그러니 우리는 어디에서부터 시작해야 하는가?

우리의 변론은 다음과 같다. 잠재력 전개라는 원칙을 가능한 한 널리 적용해서 그걸 쉽게 다루고 체험할 수 있도록, 그래서 우리가 무엇과 관계를 맺고 있는가를 잊어버리는 일이 없게 하자는 것이다. 비록 구체적인 설명서는 없지만, 그럼에도 불구하고 잠재력 전개란 것이 무엇인지를 알려주는 주요 원리와 중추는 있다.

이해/공동 형성/효능감(안토놉스키)

아론 안토놉스키Aaron Antonovsky가 길잡이가 되는 연구를 진행한 이래, 건강한 인성발달을 위해서는 다음 세 가지가 필요함을 우리는 알고 있다.

1. 인간은 세상의 일들을 정돈할 수 있어야 하고, 그 세상을 이해할 수 있어야 한다.
2. 인간은 자신이 사는 세상, 자기 운명, 자기 삶을 스스로 형성할 수 있음을 체험해야 한다. 이는 타자에 의한 규정이 아니라 참여를 의미한다. 인간은 영향력을 가질 수 있어야 하며, 자기 통제를 할 수 있어야 한다. 한 사람에게 주어진 과제는 '나는 할 수 있다!'라고 말할 수 있는 극복의 대상으로 체험될 수 있어야 한다.
3. 인간은 자기 행동이 유의미한 것이라고 체험해야 하며, 노력과 참여에는 보상이 따라와야 한다. 인간은 자기가 하는 일에 의미가 있는지를 확인하고 싶어 한다. 내가 나의 행동으로 다른 사람을 움직일 수 있다는 것을 알지 못하면 행동에는 의미가 없어진다. 자신이 보다 큰 하나의 전체, 하나의 의미 맥락의 일부라는 것을 알지 못하면 자신의 행동을 이해하지 못한다.

사람들은 이를 건강생성론의 기본 원리라고도 부른다. 말하자면 인간을 도와 잠재력을 펼치게 해주는 원리라는 것이다. 이 원리들의 핵심은 신뢰다. 즉 자기가 지닌 역량에 대한 신뢰, 일들을 공동으로 해결하는 데에 나서줄 사람이 있다는 신뢰, 이 세상에서 자신이 해야 할 일이 있다는 신뢰. 그리고 무엇보다도, 다시 좋아질 것이며 그 일에 의미가 있다는 기본적인 신뢰. 이런 역량에는 무한한 힘이 있다. 잠재력을 전개하며 살아간다는 것은 신뢰라는 역량을 지속적으로 관리한다는 의미이기도 하다.

스스로 책임지기와 책임의식

공동형성 및 자기효능감을 경험함으로써 자신과 타인, 미래에 대한 책임감이 자라난다. 자신에 대해 책임을 진다는 것은 스스로 결정하여 행동하고 목표를 설정하며 자신의 행동에 대한 책임을 지는 것을 의미한다. 스스로 책임지기는 잠재력에 대한 신뢰를 기초로 한다.

스스로 책임지기를 위해서는 자기효능감이 결정적인 자원이 된다. 어떤 것이 유효하지 않으며 통하지 않을 때 사람들은 종종 원인을 찾아내 거기에 책임을 떠넘긴다. 그들은 자신이 상황의 희생자라고 느낀다. 자기효능감은 이와는 반대 개념이다. 우리는 이 세계의 형성자다. 아이들이 어릴 때부터 자기가 살고 있는 이 세상에 영향을 미칠 수 있음을 경험한다면 낙관적 태도와 행동에 나설 용기를 발달시킬 수 있을 것이다. 아이들은 우리 생각보다 훨씬 더 큰 잠재력을 갖고 있다. 아이를 보호한답시고 도전에 나서게 하지 않으면 잠재력을 발견하지 못한다. 스스로 책임지기란 용기를 의미한다. 책임을 미루지 않는다는 것은 실수에 대한 책임도 떠맡는다는 뜻이다. 실수를 인정하는 것은 우리 사회에서 매우 용기 있는 일이다. 스스로 책임을 지려면 자기 성찰, 자기가 가진 틀, 여러 입장, 태도, 가려진 곳 등을 인식하고 점검할 필요가 있다. 나는 어떻게 현재의 '나'가 되었는가?

(1)스스로 책임지기를 장려하는지, 아니면 (2)저해하는지, (3)책임을 떠맡는지, 아니면 (4)무관심을 배우는지, (5)민주적 능력을 반복학습을 통해 익히고 과감하게 책임을 질 수 있는지에 결정적인 영향을 미치는 것은 우리네 학교의 학습문화다. 공동체 의식과 책임의식은 개인의 이익을 뛰어넘는 경험을 함으로써 생겨난다. 공동체 의식은 유의미성과 관계가 있으며 우리는 단순한 개인 이상의 존재라는 점과 관계 있다. 공동체 의식은 공동의 행위 속에서 다져지는 일체감을 통해 생겨난다. 인간은 늘 행동하려 하며, 타인으로부터의 인정認定과 의미를 원한다. 그리고 책임감 있는 행동에 대해 직접 인정을 받은 경험이 있는 사람, 자신이 인간으로서 쓰이고 가치를 인정받는다고 느끼는 사람은 타인의 참여에 대해서도 존경과 인정의 뜻을 보일 것이다.

태도

태도는 내면적인 것과 관계된다. 우리는 어떤 역할을 떠맡아 이를 매 순간의 행동을 통해 완수한다. 역할의 이런 외부적 측면은 내면의 상응하는 측면을 필요로 하는데, 그것을 태도라 부를 수 있다. 경험을 먹고 자라나는 굳건한 내면이 없다면 모든 역할은 기계적인 작업으로 격하되고 만다. 자기 경험, 자기 성장이 없으면 마법의 순간도 없으며 잠재력을 펼치라고 요구하는 것은 공허한 외침이 된다. 여기서 우리는 두 가지에 주의해야 한다.

태도라고 말할 때 우리는 흔히 자신의 태도가 아니라 타인의 태도를 생각한다. 우리는 타인이 특정한 태도를 보이기를 원하고, 그들이 우리 아이들에게 그런 태도로 대해주기를 바란다. 이와 동시에 구체적인 바람이 일어난다. 예를 들어, 우리는 조화와 존중의 태도를 원한다. 하지만 타인에 대한 요구는 자기 태도를 비판적 검증에 내맡기고 필요할 경우 그걸 바꾸는 것을 대체할 수 없다. 변화는 우리 자신에게서 시작한다.

잠재력 전개로 나아가는 길에서 만나게 되는 가장 큰 걸림돌은 상대의 가치를 인정하는 것이 곧 상대에게 동의하는 것이라는 선입견이다. 네가 나에게 동의하지 않으면 나는 너를 인정하지 않겠다는 식이다. 인정에 대해 이런 식으로 오해하면 이상한 분위기가 생겨난다. 내가 나 자신, 세상을 보는 내 시각에 책임지는 게 아니라 오히려 세상을 상대방의 눈으로 관찰하라는 압박을 지속적으로 받는다는 느낌을 주는 분위기다.

내면적 태도를 표출해주는 중요한 요소 중 하나인 가치 인정이란 존중과 다름의 경험, 타인이 내가 바라는 모습 그대로일 필요는 없다는 인식을 기반으로 한다. 세상은 이로 인해 다채로워지며 그 순간에는 경이로움이라는 마법이 담겨 있다. 우리는 당혹스런 순간을 잘 처리하여 거기서 무언가를 배우라는 요구를 항상 받는 것이다.

유일성과 다양성의 가치를 인정하고, 그렇게 함으로써 일체감에 대한 앎을 강화시키는 태도는 생동적인 관계, 공동 창의, 새로운 것과 뜻밖의 상황에 대한 열린 마음을 갖게 해준다. 이런 태도는 내적 체험과 외적 행동을 두려움 없이 연관시키는 데에 도움을 준다. 이렇게 함으로써 자신과 타인에 대한 신뢰를 만들어내는 진정성이라는 것이 생겨난다. 이런 의미에서 태도는 중요하다. 태도는 잠재력을 펼치는 학교에서 일어날 수 있고 일어나야 하는 모든 것의 토대가 된다.

오류친화성

가치 인정의 태도에서 오류친화성이라는 것이 자라난다. 알다시피 학습은 오류를 통해 일어난다. 따라서 오류를 두려워하는 것은 학습에 유해하다. 그렇다. 아주 반생산적이다. 게다가 오류에 대한 두려움은 행동에 나서지 못하도록 가로막을 수도 있다. 자신의 오류와 맞닥뜨리는 것을 뭔가를 배우고자 하는 시도라고 평가한다면 이는 거대한 성장 잠재력을 개척하는 것이다. 오류는 잘 소화하면 좀처럼 잊히지 않는 학습단계가 된다. 잘못된 시도로부터 이익을 볼 가능성을 서로에게 제공한다면 우리는 하나의 학습공동체로 발전하게 된다. 오류친화성은 당연한 수순이며, 나아가 자연의 기본법칙이다.

오류친화성은 오류를 덮는다는 뜻이 아니라 책임을 진다는 말이다. 이것이 오류친화적인 문화를 가능케 해주는 신뢰의 토대다. 오류는 하나의 기회다. 오류를 생산적인 방향으로 돌리면 내면의 힘이 강화된다. 이는 또한 새로운 것에 대한 열정이 태어난다는 것을 의미한다.

욕망과 열정

학습으로 나아가는 문을 열어주는 열쇠는 발견자의 기쁨, 동기유발 및 열정이다. 열정은 빛을 발산하고 감동을 주며 전염된다. 우리 마음을 알게 될 때, 자신이 성취한 것에 열광하는 아이들을 볼 때, 이를 체험할 수 있다. 열정은 대뇌의 감정중추를 활성화하며, 이는 연쇄적인 활성화 반응을 유발한다. 따라서 열정이 있으면, 기쁨이 있으면 더 빨리, 꾸준히 학습할 수 있다. 그러나 이런 타고난 열정은 시간이 지나면서 사라지고 학교에서도 사라진다. 왜 그럴까? 우리 인간은 수많은 것에 익숙해진다. 확립된 틀에 젖어 주어진 과제물의 빈칸을 채워 넣고는 어떻게 하면 가장 잘 통과하는지를 본다. 잘 돌아간다. 일과가 어떻게 흘러가는지 빤히 보인다면 대체 어디에 열광해야 한다는 말인가? 모든 게 사전에 정해져 있고 자신은 외부에서 정해주는 요구사항들의 객체에 불과하다면 열정은 식어버린다. 열정이라는 빗장을 열어주는 열쇠는 '유의미함'이기 때문이다. 내게 의미가 있는 것만이 진정으로 학습된다. 그리고 유의미성은 의의를 필요로 한다.

인간에게는 두 가지 기본적인 욕구가 있다. 개성을 펼치려는 욕구와 소속감에 대한 욕구다. 따라서 열정을 위해서는 자기를 성장시킬 수 있는 과제와 공동체가 있어야 한다. 내가 중요시하는 것, 내가 나눠가져도 되는 물건을 보고 다른 사람이 기뻐한다면 인간은 감동한다. 나눔 안에서, 너 안에서, 공동체 안에서 개인 및 공동체의 숨겨진 잠재력이 펼쳐질 수 있다. 인지적인 도전과제들은 특정 상황 속에서 의의를 만들 수 있다. 그러나 의의라는 것은 의의 부여 행위 속에서 특히 자주 경험된다. 함께 중요한 일에 신경을 쓸 수 있고, 힘을 보탤 수 있는 상황에서는 항상 교육과정이 일어난다. 열정은 힘이 세다.

하지만 열정 그 자체는 위험할 수도 있다. 무엇에 대한 열정인지 질문하지 않는다면 그렇다는 것이다. 따라서 뭔가에 열광한다는 것은 신중한 주의력을 요구하며, 인간의 존엄성, 포용 및 존중이라는 기본적인 가치 측면에서의 점검을 필요로 한다. 어떤 종류의 열정인지는 공공기관 따위를 방문했을 때 인식되고 느껴지는 기운을 통해, 또 그 상황과 분위기를 통해서도 알 수 있다. 그런 기운이 경험이 이루어지는 틀을 규정한다. 그리고 반복되는 경험은 입장과 태도가 된다. 만약 우리 학교를 부각시키는 것이 인간적인 것에 대한 열정이라면 그런 학교는 젊은 이가 자신의 유일성을 유지하는 가운데 자신을 한 공동체의 구성원으로, 단순히 성과를 내는 존재가 아닌 한 명의 인간으로 체험하고 전개할 수 있는 곳임에 틀림없다. 그렇게 되면 학교는 살아 있는 학습의 장소가 된다.

평생학습 개념

잠재력 전개를 위해서는 학습을 바라보는 시각의 확대가 필수적이다. 학습의 개념이 이렇게 단순하면서도 유의미하게 세분화하여 하나의 포괄적인 출발점으로 쓰일 수 있는 것은 유네스코에서 진행한 선행연구 덕분이다. 평생학습의 개념은 이미 언급했다시피 다음과 같은 네 개의 기둥에 의해 지탱된다.

- Learning to know 지식을 취득하는 법의 배움
- Learning to do 행동하는 법의 배움
- Learning to live together 함께 사는 법의 배움
- Learning to be 존재하는 법의 배움

지식을 취득하는 법의 배움은 세계를 이해하고 세계와 소통하는 데 바탕이 되는 충분한 보편교육을 전제로 한다. 이 학습은 판단력 형성을 가능하게 해준다. 지식은 다양한 데다 끊임없이 변하므로, 학습능력 획득은 매우 중요하다. 여기에는 어떻게 배우는가도 포함된다.

행동하는 법의 배움은 지식에서부터 행위로 진입하는 것을 의미한

다. 이러한 행위를 구성하는 것으로는 팀워크, 문제해결 능력, 의지력과 용기, 여러 새로운 상황에 대비하는 능력, 사회에 자기 역량을 투입하는 능력 등이 있다. 또한 참여하고 책임을 떠맡음으로써 사회적 행위를 할 기회도 이 행위에 속한다.

함께 사는 법의 배움은 미래의 중심적인 도전과제로 여겨진다. 관건은 타인에 대한 이해를 발달시키고 다양성과 차이를 긍정적으로 체험하는 것, 서로에 대한 전 세계 차원의 상호 의존관계를 파악하는 것이다. 지구촌화된 21세기의 세계에서는 이질성을 다루는 능력이 점점 더 중요해지고 있다. 서로 다른 사회적, 정치적 및 문화적 배경을 지닌 인간들이 서로 어울려 살아갈 수 있어야 하고, 새로운 형태의 협력 활동 및 혁신 이전移轉을 발견해야 한다는 요구를 받고 있다. 이를 위해 가장 중요한 역할을 하는 것은 무엇보다도 정형화되지 않은 학습과정이다. 그런 학습과정에서 개인 간, 문화 간, 세대 간의 만남이 일어나 상호이해, 관용 및 존중이 태어날 수 있다.

존재하는 법의 배움은 개성을 펼치고 자신을 의식하게 되는 것을 의미한다. 교육은 인간을 도와 자기 문제를 해결하고, 스스로 결정을 내리며, 자신에 대한 책임을 지도록 해주어야 한다. 사회적, 경제적 혁신이 중요한 역할을 하는 꾸준히 변화하는 세상에서는 판타지와 창의성이 특히 유의미한 자질이다. 모든 인간은 창조적 역량을 지니고 있다. 이런 잠재력을 펼치려면 시도하고 실험해볼, 실패해도 괜찮은 기회가 주어져야 한다. 창의성과 열정은 평가 없는 공간에서 펼쳐진다. 개인과 공동체가 가진 에너지와 힘을 동원하는 능력은 혁신을 위한 중요한 실마리 같은 능력이며, 개인의 비전역량Vision力量에 대한 신뢰도 마찬가지다. 자신의 창의적 역량과 접하여 자기효능감을 경험한 사람은 자신감을 발전시켜 자신이 사물과 세계에 대해 영향력을 행사할 수 있다고 믿는다. 이는 특히 젊은 사람들에게 해당되며 그들의 삶 전체에 영향을 미친다.

이상의 네 기둥은 한 묶음이며, 서로 연관되어 있고, 맞물려 있음이 틀림없다. 잠재력을 완전히 다 퍼올리기 위해서는 이 네 가지를 대등한 가치로 인식하고 주목해야 한다. 오늘날 우리 눈에 압도적으로 많이 띄는 전통적인 학교는 우선 지식 획득이라는 기둥에 희망을 건다. 유네스코의 보고서 『배움: 내면의 보물Learning: the treasure within』은 이와 달리 잠재력 전개에 초점을 맞추고 있다. 이것이 의미하는 바는 다음과 같다.

"목표는 인간으로 하여금 자기가 가진 모든 다양성, 복잡한 표현방식 및 여러 가지 성실성을 완전히 펼치게 하는 것이다. 그 인간에게 감춰진 부富로서의 잠자고 있는 모든 재능이 전개되어야 한다. 삶의 모든 영역에서 양호한 품질의 관계를 지닌 인간은 지속 가능한 세계로 전환하는데에 필요한 인간 잠재력을 퍼 올리게 해주는 열쇠다."14

"21세기는 수없이 다양한 재능과 개성을 필요로 한다. 모든 사회에 없어서는 안 되는 특출난 개인도 마찬가지로 꼭 있어야 한다." 자크 들로르의 보고서에 나오는 말이다. 아직도 인간에게 잠재된 재능의 약 50% 정도밖에 쓰이지 못하고 있지만, 전통적인 학교들은 이런 재능을 펼쳐주지 못한다. 이런 의미에서 학교를 새로 조직하여 '내면의 보물', 즉 인간의 감춰진 능력이라는 보물 상자를 활짝 열 수 있도록 발전시키려면 창의성과 용기가 동원되어야 한다. 학습이 갖는 이런 측면을 진지하게 고려한다면, 결핍된 요소나 불균형 또는 필수적인 보완요소를 찾을 때 활용할 수 있는 내면의 나침반 하나를 우리가 늘 갖고 있는 셈이다.

7.

미래의 학교

변화를 위한 전제조건

- 큰 맥락 속에서 앞을 내다보는 사고를 하는 능력
- 학제적 차원에서 여러 시스템을 감지하는 능력
- 보다 큰 비전을 위한 공동의 이해理解를 개발하기 위해 다른 세계에 공감하는 능력
- 원하는 미래를 창의적으로 형성하는 능력
- 비전과 마음의 힘 따라가기
- 부족함을 다루는 능력
- 하나의 과정을 진행하는 도중 또는 이후에 학습 능력 개발하기
- 실패를 혁신의 기회로 받아들이는 능력
- 비전의 힘, 행동에 나설 용기, 기업가 정신의 소유

오늘의 유토피아는 내일의 현실이다. 미래는 꿈과 비전을 먹고 산다. 비전 없는 사람은 미래를 상상하지 못하며, 자신이 무엇을 위해 애를 써야 하는지 알지 못한다. 요제프 보이스Joseph Beuys는 우리가 원하는 세상을 얻으려면 스스로 그 세계를 만들어내는 수밖에 없다는 사실을 간파

했다. 우리가 직접 미래의 학교를 만들어내자!

미래의 학교는 묻는다. 어떻게 학습을 형성해야 자기주도적 학습과정, 학제적 학습 및 삶 속에서의 경험을 통한 배움이 학교문화가 될 수 있는가? 어떻게 하면 아동, 교사 그리고 부모들이 가진 창조적 역량이 강화되는가?

아동은 자기가 할 수 있는 일, 자기를 부각시켜 주는 일을 할 때 힘을 얻는다. 미래의 학교는 승자와 패자를 나누는 경쟁과 작별해야 한다. 개인과 공동체가 어우러져 하나의 전체를 이룬다고 여기고, 경쟁 대신 함께 일하고 함께 만들어내는 기쁨이 들어서며, 자신이 가진 가장 훌륭한 것을 팀에게 나눠주는 것으로 팀에 박차를 가하는 것이다. 미래의 학교는 학생과 교사, 부모를 많이 신뢰한다. 학교는 신뢰를 바탕으로 사람들이 지닌 가능성, 능력, 넘쳐나는 아이디어를 지지해주며, 공동체 안에서 신뢰를 경험할 수 있도록 한다. 21세기 학교는 모든 인간을 여러 가지 욕구와 각자의 독특함 그리고 잠재력을 지닌 하나의 개체로 본다. 미래의 학교는 가능한 한 두려움을 시스템에서 배제한다. 미래의 학교는 서로 가치를 인정해주는 관계의 중요성을 알고, 소속감과 자유 사이의 균형을 유지해준다. 21세기 학교는 어떤 결과가 나올지 알 수 없는 과정으로 나아갈 용기를 갖고 있다. 또한 미래의 학교에서는 학교 환경과 아이들에게 적합한 독자적 계획에 의거해 다양한 전문성을 갖춘 팀과 함께 일한다.

미래의 학교는 그 태도를 통해 사람들을 사로잡는다. 태도는 수업으로 가르칠 수 있는 게 아니다. 본보기를 따라하면서 학습하는 것이다. 학습은 강요할 수 있는 게 아니다. 오로지 스스로, 자기추진력으로 하는

학교가 시작하라

것이다. 21세기의 학교, 교사 그리고 부모는 그런 성공으로 나아가기 위한 훌륭한 기반을 마련해 줄 수 있다.

21세기 학교는 20세기 학교에서 이미 확립된 것에 연계하여 다리를 놓고 새롭게 생각한다. 새로운 사고란 옛것의 최적화나 수선을 말하는 게 아니다. 새로운 사고는 비전의 힘을 따른다. 이렇게 하는 데에 꼭 필요한 열쇠는 전승된 상상력, 내적 이미지들, 여러 사고 구조 및 확립된 틀 등 잠재력 전개를 막는 모든 요소들이 갖고 있는 권력으로부터 해방되는 것이다.

잠재력 전개를 위한 학교를 형성하는 데에는 많은 방법이 있다. 따라서 학교마다 잘 맞는 길을 찾아야 하고, 실제로 찾을 수 있다. 하지만 그중에도 중요한 여러 핵심 요소가 있는데, 이는 반드시 준수해야 한다. 그래야 잠재력 전개에 성공할 수 있기 때문이다.

인간이 중심이다

21세기 학교에서는 인간이 중심에 있다. 이것이 교과 및 비교과의 이수 기준이나 표준을 철폐한다는 뜻은 아니다. 그건 계속 필요하다. 관건은 어떻게 하면 되는가이다. 압박을 가해서 표준에 이르게 할 것인가, 아니면 조건을 잘 형성하여 교사가 아이들의 욕구를 감지하고 고려할 수 있도록 할 것인가? 중요한 것은 관계와 공동체, 가치의 인정 그리고 태도다. 인간은 자기 모습 그대로 있기를 원하며 바람직한 성과를 올리기 때문이 아닌, 있는 그대로의 자신으로서 존중과 지지를 받아야 한다. 한 사람 한 사람의 특별함을 받아들이는 것은 자신감을 발달시키기 위한 전제조건이다. 그런 점에서 우리 어른들이 먼저 시작해야만 한다. 피사 테스트를 보자. 독일 학생들의 성적이 중간 정도에 놓여 있다는 메시지는 정치와 사회를 뒤흔들어놓았고, 신속한 대응조치가 요구되었다. 피사 정권은 그렇게 우리네 학교에 들어오게 되었다. 등수 제일주의와 사전에 완성된 모듈에 근거한 시험 대비책을 가지고 말이다.

규정에 의거한 시험은 학습내용의 다양성을 축소시킬 뿐 아니라 창의성까지 위축시킨다. 순위는 경쟁의 도구다. 하지만 교육이란 고도로 복잡하여, 측정 가능한 몇 가지 기준으로 수렴될 수 있는 게 아니다. 표준화와 규범화에는 두 가지 위험성이 존재한다. 하나는 인간 자신이 표준화되는 일에 갑갑함을 느낀다는 것이며, 다른 하나는 그로 인해 새로운 것을 향해 마음을 열고 용감하게 나아가지 못한다는 것이다.

피사에 대한 신속한 대응조치의 결과물이 연달아 나오는 동안 아이들이 받는 정신적 부담과 건강 문제, 학교에 대한 두려움, 신체 및 정신상의 장애 그리고 학습 흥미의 감소 등을 지적하는 연구보고서에 대해서는 별 반응이 없었다. 이런 연구는 거의 주목을 받지 못했고, 사실 지금도 받지 못하고 있다. 이에 대한 여러 조치 또한 초점이 되지 못했다. 반대로 피사에 대한 여러 대책은 압박과 스트레스를 더 심화시켰다. 학생, 교사, 교육 시스템 전반에 압박이 가해진 것이다. 그 압력은 이전보다 더 컸다. 외부로부터의 제어가 더 많아지고 통제가 더 심해지며, 점검 가능한 지식, 피사에서 독일이 수학 몇 위, 영어 몇 위를 했는가에 더 몰두한다. 누가, 무엇이 우리를 이렇게 만들었는가? 무엇이 우리를 이토록 시스템에 순응하고 그 과정에서 우리 아이들과의 결속 관계마저 잃어버리는 상황으로 몰아넣었는가? 아이들이 의욕을 갖고 성과를 내기 위해 정말 필요한 것이 무엇인지는 묻지도 않고 말이다. 더구나 우리

학교가 시작하라

의 뇌는 암기를 위해 만들어진 게 아니며, 따라서 거의 모든 개별 정보에 대한 지식은 망각되어 학교를 떠나고 나면 더 이상 머릿속에 남아 있지도 않다는 것을 알면서도 말이다. 그저 내용을 전달하는 것이 목표가 되어서는 안 된다. 목표는 학습이어야 한다. 그리고 그 중심에는 인간이 있다.

미래의 학교는 인간성 실현의 장이다. 이것이 근본적인 태도의 변화, 문화의 변화다.

정신과 태도

양육은 관계를 필요로 한다. 말로 표현하기는 쉽지만, 이를 실제 삶으로 체득하기는 무척 어렵다. 우리에게 강력한 영향을 주는 것은 경험이다. 그리고 이 경험은 사람과 사람 사이의 상호작용 속에서 만들어진다. 경험에는 인지적 부분도 포함된다. '내가 뭘 체험했지?'라는 생각 말이다. 정서적 부분 또한 들어 있다. 이건 '그때 내 기분이 어땠지?'라는 생각이다. 한 차원 높은 곳에서 보면 입장, 태도, 신념 등이 이 경험을 통해 생겨난다. 상호작용은 그 품질에 따라 결과가 크게 달라진다. 예컨대 경쟁심과 두려움으로 가득한가 아니면 격려의 마음과 공동체가 분위기를 지배하는가, 편협한 행정적 채워 넣기 정신이 지배하는가 아니면 자유의 정신과 형성욕의 바람이 부는가에 따라 달라진다는 것이다. 이것이 숨겨진 교과과정을 규정하는데 이 교과과정은 인간이 기운과 영감을 얻을 수 있는가의 여부, 자신감을 갖고 자기 잠재력을 전개할 수 있는가의 여부, 자유로우면서도 동시에 일체감을 느끼는가의 여부에 결정적인 영향을 미친다. 미래의 학교는 그 학교 안을 감도는 기운에 중점적으로 신경을 쓴다. 장애인 권리협약에서 '존엄성sense of dignity'과 '소속감sense of belonging'이라 일컫는 것이 미래의 학교에서는 심장에서 뿜어져 나오는 힘으로 감지되며 아동과 부모, 교사 그리고 함께하는 모든 이를 감동시키고 힘을 준다. 가치의 인정은 자신감, 책임 그리고 일체감을 갖도록 가슴과 머리를 열어준다.

가치 인정과 관계문화

가치 인정은 하나의 태도다. 이 태도는 개인이 지닌 역량에 영향을 받으며, 누구든 퍼내 쓸 수 있다. 미래의 학교에서는 이러한 가치 인정의 태도가 다음과 같은 다양한 측면에서 유효하다. 먼저 가치와 비전의 본보기가 된다는 측면, 태도 및 리더십에서의 지도력이라는 측면, 다양성 다루기에서의 소통이라는 측면 그리고 책임감 있는 참여의 구조 및 과정이라는 측면이다. 교사와 학생 간의 성공적인 관계는 성공적인 학습을 달성하기 위한 비결이다. 우리는 모두 경험을 통해 이를 알고 있다. 경험이 학습을 위한 본질적 전제조건이며, 동기유발은 저절로 되지 않는다. 동기가 살아나려면 누군가가 불을 붙여주어야 한다는 말이다. 불을 붙인다는 것은 우리 뇌 속의 동기유발 시스템을 활성화한다는 것이다. 그리고 여기에 시동이 걸리려면 자신이 타인에게 유의미한 존재임을 경험할 필요가 있다. 남이 자신을 알아주는 것, 공동체에 대한 경험, 사회적 지지와 인정을 얻고 존중받는 경험. 이런 경험은 동기유발 시스템에서 세 가지 정보전달 물질을 분비한다. 정신적 에너지를 위한 도파민, 쾌감을 주는 신경전달 물질 그리고 신뢰감 및 협력적 태도를 촉진하는 호르몬인 옥시토신이 그것이다.

21세기 학교에서는 이런 놀라운 지식을 실천한다. 학교는 관계, 성찰 및 피드백을 위한 시간과 신뢰의 바탕을 제공해준다. 아이들에게는 자신을 격려하고 요구하고 공감해주고 지원해주는 관계를 맺을 사람, 분명하고도 단호하게 뭔가를 할 수 있다고 믿어주고 기대해주는 관계를 맺을 사람 그리고 신뢰할 수 있는 관계를 맺을 사람이 있어야 한다. 그 열쇠는 믿고 기대해주는 것이다. 아이가 정말로 뭔가를 할 수 있다고 교사가 진심으로 믿어준다면, 교사가 확신을 갖고 마음으로부터 그 아이들의 잠재력과 발전 가능성을 믿어준다면, 아이들은 그것을 감지하여 자신에 대한 믿음, 자신의 그다음 발전단계에 대한 신뢰, 자기 능력에 대한 신뢰 및 자신의 잠재력에 대한 비전을 하나씩 발전시켜 나갈 수 있다. 신경생물학적으로 말하자면, 자라나는 아이들은 가치 인정의 관계들을 바탕으로 자기 잠재력을 펼칠 수 있다. 가치 인정과 존중이 없으면 동기유발 시스템이 꺼지고, 그 대신 스트레스 및 공격 시스템이 활성화된다. 인정과 의미를 얻고자 하는 욕구가 충족되지 않으면 아이들은 그걸 대체할 만족감을 추구하는데, 이는 정신적, 육체적 건강에 여러모로 해롭다. 오늘날의 모든 산업분야가 이 대체만족감을 먹고 살아간다.

자기 속도에 맞추어 학습하기-학습 객체가 아닌 학습 주체로

선택의 여지가 있어야 동기가 유발된다. 인간의 자유와 존엄성은 책임을 가지고 믿고 맡기며 그것을 다하리라 기대하는 것 그리고 신뢰하고 학습하는 가운데 그 책임을 떠맡는 것, 바로 여기에서 생겨난다. 모든 아이는 유일하다. 학습 속도, 학습 상태, 학습 유형이 다 다르다. 이 질성이 모든 학습그룹의 특징인 것이다. 분류 시스템에서 이른바 '균질적'이라고 칭하는 그룹도 마찬가지다. 동일한 진도에 하루에 네 과목, 많게는 여섯 과목이 들어가 있는 수업계획으로는 이런 차이를 고려할 수 없다. 미래의 학교는 이런 인식으로부터 결론을 도출하여 획일성의 시대를 끝낸다. 여러 가지 중에서 고를 수 있도록 학습을 구성하는 것이다. 예컨대 시간, 교과목, 접근방식, 난이도, 교재, 장소, 학생그룹 형태 등을 선택할 수 있게 하는 것이다. 만약 오늘 영어 문법이나 직접 고른 문학 테마를 공부하고 싶다면? 비례식의 계산법을 파고들어 다 이해하려 한다면? 내일까지 성적 평가를 받기 위해 시험을 치르거나 발표를 하고 싶다면? 그렇게 하면 되는 것이다.

결정의 자유와 개인의 수준에 맞춘 학습이 미래 학교의 초석이다. 그렇다고 이것이 아무런 구조도 없음을 의미하는 것은 아니다. 오히려 그 반대다. 결정의 자유를 최대한 보장해주는 시스템을 유지하려면 매우 확고한 구조, 투명한 규칙, 코칭, 교사의 사려 깊은 협력, 다양한 학습 교재 그리고 교과목 및 인성발달의 측면에서 아이들을 다음 단계로 이끌어줄 커리큘럼을 갖추고 있어야 한다. 개인의 역량에 맞게 공부하도록 해준다면 아이들은 스스로 동기유발이 되어 공부하게 된다. 아이들이 정한 학습 계획을 토대로 한 교과 수업에 다년간 경험을 쌓은 학교들이 독일에도 이미 많이 있다. 학년을 섞어 놓기도 한다. 스스로 조직하고 제어하는 것은 아이들에게 점점 더 중요해질 삶의 능력이다. 그런 능력을 아이들은 한 걸음 한 걸음 나아가며 학습할 수 있는 것이다. 집중적으로 도와줄 필요가 있는 아이들도 있고, 여러 해 동안 도와줄 필요가 있는 아이들도 있으며, 몇몇 아이들은 잠시 주춤하다 다시 급속도로 나아가기도 한다. 그래도 모든 아이가 학습할 수 있다. 경험에 따르면 개방적 학습여건에서는 고학년, 대학생, 어른, 부모 및 다른 동반자들이 놀라울 정도로 긴밀하게 협력하고 지원해줄 수 있다.

프로젝트 중심의 수업

동기유발은 자신의 관심사를 스스로 선택하고 질문할 여지가 있을 때 특히 강하게 일어난다. 그러면 학습은 의미를 만들어낸다. 스스로 내세운 과제는 당연히 그 자체로 의미를 지니고 있기 때문이다. 유의미성은 열정을 불러일으키는 열쇠다. 아동과 청소년은 자기만의 주제를 선택할 여지가 있을 때 더 좋아한다. 프로젝트 수업이 그런 것일 수 있다. 비교적 오랜 시간 동안 자신이 탐구하는 문제를 파고들거나 학교 외부의 전문가들과 협력할 수 있기 때문이다. 모든 감각기관을 동원해 다양한 장소에서 이루어지는 학습인 것이다. 미래의 학교는 팀 내의 다양한 사고와 창의성을 장려한다. 거기서는 아이들에게 질문을 제기하라고 가르친다. 물론 그 질문의 답이 무엇일지는 모른다. 혁신이란 학제적 협력을 통해 일어나며, 해결되지 않은 문제들에 초점을 둠으로써 일어난다. 네트워크화된 사회에서는 협업을 통해 그 해법을 생각해볼 필요가 있다. 프로젝트 학습은 이해집중적일 뿐 아니라 본질적으로 학제적이기도 하다. 프로젝트 수업은 학생들로 하여금 지식이 네트워크화되어 있음을 파악할 수 있게 해준다. 이는 본질적인 인식의 하나다. 네트워크화한 지식은 방향 잡기, 지속가능성, 이해를 발달시킨다. 이해 가능성은 건강생성론적인, 다시 말해 건강을 불러오는 세 가지 기본 원리 중 하나다. 빈 공간은 스스로 조직하기, 창의적 발상, 자발성, 낯선 인식 경로 및 실패를 경험하는 공간을 제공한다. 아이들은 지시를 받는 게 아니라 영감을 얻는 것이다. 21세기 학교의 시간표에는 자발성과 복잡한 과제의 해결을 위한 공간을 제공해주는 요소가 많이 포함된다.

점수 평가를 버리고
성과 피드백을 세분화하기

학습이 개인별로 진행된다면 각 개인이 지닌 재능과 특별한 성과의 모든 것을 살펴보고 인정해주어야 한다는 것은 자명하다. 모든 아이에게는 학습 성과가 있어야 한다. 아이들이 이룬 성과만큼 학습 의지에 박차를 가해주는 것도 없다. 성과가 동기를 유발하는 것이다. 성과에 대한 피드백은 또 다른 성과를 보장해주는 가장 훌륭한 수단이다. 21세기 학교는 이를 잘 알고 있기 때문에 개인의 성과를 더 잘 살펴보기 위해 항상 애를 쓴다.

21세기 학교가 이해하는 교육이란 거기서 더 나아가 다차원적 능력 및 성과라는 개념을 통해 부각된다. 잠재력 전개라는 학습문화는 인지적 및 방법적 능력의 전개와 더불어 개성의 강화도 중시하기 때문이다. 믿고 맡기기, 신뢰하기, 함께 결정하기, 스스로 책임지기를 통해서 그렇게 하는 것이다. 팀워크, 기획 능력 및 전략 능력과 같은 메타 능력, 창의성, 직관과 마음의 힘, 책임감과 공동체 의식, 비전과 운명적 끌림, 행동하는 용기와 형성 능력 등은 모두 똑같이 중요하다. 따라서 미래의 학교는, 성과를 인정하고 칭찬하는 분야의 새로운 포맷과 방법을 개발한다. 지금까지와 같은, 점수에 의한 평가 시스템이 중시하는 것은 교수 재료이지 인성이 아니다. 21세기 학교는 그 반대로 한다. 점수는 성과가 뒤떨어지는 이들의 학습 동기에 대개 부정적 효과를 주며, 학생 내면의 동기를 손상시킨다. 이는 성적이 좋은 학생에게도 마찬가지다. 이와 반대로 잠재력 전개는 이미 잘하고 있는 것에 대한 가치 인정과 덤벼들어볼 만한 분야에 대한 도전을 통해 발달된다. 일차원적인 숫자만으로는 그것을 포착할 수 없다. 강한 인물이 되기 위해서는 학습 태도, 학습의 과정 및 정서적 과정에 대한 성찰이 반드시 이루어져야 한다. 그래야 거기서 다시 배워 약점이나 갈등을 강점으로 변화시킬 수 있다. 이때 각 개인의 학습 및 성적의 발달 정도를 보여주는 실질적인 정보가 꼭 있어야 한다. 하지만 여기에서도 매우 중요한 것이 '어떻게' 하느냐이다. 미래의 학교는 다양한 형태의 세분화된 성과기록물과 성과 피드백 등으로 작업한다. 예컨대 포트폴리오, 자기 평가 및 타자 평가, 발달 상담, 피드백 문화, 각종 증명서 및 학습 보고서 같은 것을 활용하는 것이다. 이를 통해 개인적, 절차적 성과가 증명서와 똑같이 중시된다. 가치 매기기(평가)에서 가치 인정하기로 이행하는 것이다. 또한 21세기 학교는 학생 개개인에 대한 개인 지도교사 배정을 학교문화의 중심이 되는 중요한 요소로 규정하고 있다. 교육학의 기본 태도로서의 성찰은 성숙한 인간을 키우기 위한 본질적인 전제조건이다.

민주주의 실현하기

스스로 결정하여 배우기, 눈높이를 맞추고 상대의 존엄성을 인정하며 소통하기, 인격 존중 및 성과 평정에 학습자 포함시키기, 자기 평가 능력과 비판을 건설적으로 처리하는 능력을 키우는 일. 이 모든 것이 미래의 학교에서는 기본적인 민주주의 요소들이다. 이는 성숙함을 길러주며, 체제(구조) 의존성과 두려움을 약화시킨다. 이를 위해 다음과 같은 숨겨진 교과과정이 작용하여 힘을 키워줄 수 있다. '너는 여기서 중요해', '너는 뭔가 해낼 수 있어', '너는 진심 어린 대접을 받고 있으며, 쓰일 데가 있을 거야' 등등. 민주주의라는 것은 실재한다. 민주주의는 약속한 바를 지킨다는 것을 경험으로 느껴본 사람은 민주주의의 존재를 믿는다. 21세기 학교는 학교가 약속하는 핵심 의무를 지킨다. 21세기 학교는 민주주의 문화의 체득을 위한 사회적 배양기로 간주된다. 그리고 민주주의 문화는 오늘날의 시민운동 및 풀뿌리운동, 비제도권의 여러 이익단체 없이는 이해될 수 없다. 따라서 미래의 학교는 제4의 사회세력, 즉 사회참여파의 구성에 도움이 되는 구조를 만든다. 겉만 번지르르한 포장이 아니라 직접적인 자기효능감을 경험할 수 있는 것이다.

"세계 곳곳의 청소년들이 스스로에게 중요한 모든 측면의 여러 결정 과정에 적극적으로 참여하는 것은 절대적으로 필요한 일이다. 그것이 오늘날의 삶에 영향을 미치며, 나아가 그들의 미래에 작용하기 때문이다. 그들은 지적知的 기여 및 지원세력의 동원 능력과 더불어 우리가 고려해야 할 독특하고 다양한 견해를 제안한다."[15]

이를 위한 출발점은 다채롭다. 21세기 학교는 수업, 교과 내용, 구조에 대한 젊은이들의 관심을 진지하게 받아들인다. 21세기 학교는 학교 발전에도 당연히 아동과 청소년을 끌어들인다. 학급에는 자기주도적이며 민주적으로 문제, 해법 및 뭔가 해보려는 시도에 관해 상의하고 실제로 도전해볼 수 있는 공간이 주어진다. 공존하기 위한 의례와 규칙들을 함께 정하고, 바깥세상의 여러 제안들을 논의한 다음, 행동할 용기와 교육적 뒷받침과 새로운 에너지를 갖고 그 세상으로 나아가는 것이다. 이런 식의 공존은 이미 극도로 다양하게 실천되고 있다. 학급회의나 아침 그룹모임 같은, 학교에서 수업에 들어가기 전에 갖는 시간에 행할 수도 있으며, 사회적 공존을 안정화시키는 일과를 통해, 칭찬 라운드가 있는 매주의 전체 회의를 통해, '당신의 의견을 말해보세요' 같은 정치적, 사회적 포럼을 통해, 용감한 시민에 대한 시상식이나 사회봉사 학습 또는 민주시민 양성을 위한 교육 프로젝트를 통해 이루어지고 있는 것이다.

삶 속에서 학습하기

"한마디로 말하면, 우리는 누구나 가능성을 붙잡을 수 있다. 세상을 변화시킬 수 있는 가능성 말이다. 비록 아직은 대단찮고 힘도 없는 존재라 해도, 누구든 출발점은 자신이어야 한다. 만약 모든 사람이 다른 누군가를 기다린다면 모두가 헛되이 기다리기만 하게 될 것이다."

- 바츨라프 하벨Vaclav Havel

미래의 학교에서는 학교의 책임이 교문 안에서 끝나지 않는다. 시민사회로의 참여가 학습계획에 포함되어 있기 때문이다. 이러한 참여활동을 통해 학생들은 진정으로 책임을 떠맡고 자기만이 할 수 있는 일이 무엇인지를 모색하게 된다. 아동과 청소년들은 자신의 주변 환경을 형성하는 일에 기여하고 직접 참여하고 싶어 한다. 학교가 그걸 막지만 않는다면 말이다. 아이들에게는 비교과적인 학습 환경을 실제로 확인해봄으로써 자신을 성장시켜 줄 도전과제가 있어야 한다. 경우에 따라서는 학교를 학교 밖으로 끌어내야 할 수도 있다. 책을 읽는 것만으로는 실제로 책임을 지는 방법을 배우지 못하는 것이다.

따라서 21세기 학교에서는 실제 삶을 통한 학습은 모든 이가 거쳐야 할 학습과정의 하나로 간주되며, 실제 삶에서의 참여를 경험시켜주기 위한 시간도 따로 마련되어 있다. 학급 프로젝트가 그런 것일 수도 있고, 수많은 학교에 도입된 교과목인 책임감 수업 같은 개인적인 도전과제가 그런 것일 수도 있다. 여기서 학생들은 책임과 연관된 지역사회의 생태적, 사회적 과제를 찾아 나선다. 이는 그들이 세상을 바꾼다는 뜻이고 미래의 학교는 아이들이 이를 실천할 수 있도록 고취하고 용기를 북돋아준다.

아동이나 청소년에게는 이런 과제가 필요하다. 만만찮은 일에 맞서 보는 경험은 중요하다. 아동과 청소년이 함께 책임감을 가지고 일할 수 있는 곳, 자신의 참여가 중요하다는 느낌을 반복적으로 맛볼 수 있는 곳에서 감동, 유의미성, 행동에 따르는 기쁨, 공동체 의식, 자기효능감이 생겨난다. 자신이 무언가를 움직이고 변화시킬 수 있다는 생각, 나의 활동, 나의 존재가 중요하다는 느낌을 경험하는 것이다. 이것은 민주주의를 위한 기본 경험으로, 오래 지속된다. 나아가 우리 아동과 청소년에게 권한을 넘겨주는 것이다. 이는 개개인의 마음의 힘과 의지력을 강화시킨다. 그리고 그 과정에서 자기 조직력, 충동 제어, 결과 추정, 관점의 변경, 미지의 것을 시도하는 용기와 같은 고차원적 능력이 발전된다. 실제 삶 속에서는 예측할 수 없는 일을 극복하려면 상황에 맞는 행위를 할 필요가 있다. 지역사회 또한 책임감 있고 성숙한 시민의 양성, 참여 및 사회적 결속력이라는 이익을 얻는다. 미래의 학교는 젊은이들에게 삶 속에서 진짜 책임을 떠맡도록 정말로 믿고 맡긴다. 이런 믿음이 잠재력 전개의 바탕이 된다. 이 과정에서도 학교의 역할은 여전히 중요하다. 학교는 가능한 한 모든 단계마다 아이들을 포착하고, 성공과 실패를 성찰하며, 새로운 길로 나아갈 수 있도록 자극을 제공할 준비가 되어 있어야 한다. 비록 스스로 꾸린 디지털 학습 등에 학교가 뒤처진다고 하더라도 '학교'라는 장소는 여전히 공동체의 '베이스캠프'로 남는다. 아이들은 이 베이스캠프에서 실생활 속에서 얻은 경험을 서로 나누고 토론하며 성찰한다.

이렇게 젊은이들은 사회봉사 학습이나 민주시민 교육 프로젝트를 통해 성숙한 시민이 해야 할 행위, 즉 자신의 목소리에 대한 신뢰와 공동 행동이라는 능력을 획득한다. 또한 그들 개개인이 인간으로서 언제 어디서나 요구하는 것, 즉 자유와 자율성, 인정과 소속감을 발견한다. 우리 모두가 타고나는 창의성은 그렇게 주위 환경을 주조, 형성하는 능력으로 변환되는 것이다.

비전 있는 사고를 위한 자극과 모델

미래를 만들어내는 사람만이 그 미래에 대한 유효한 영향력을 행사할 수 있다고 로베르트 융크Robert Jungk는 말한다. 어떤 미래 세계를 원하며 그 미래를 어떻게 형성하려 하는가는 우리의 책임이다. 따라서 미래의 학교는 미래에 관심을 갖고 파고든다. 지속가능성, 즉 미래에도 유효한 능력인가 하는 문제가 21세기의 학교에서는 학제적 프로젝트의 중심에 있다. 그 과정에서 학생들은 고도로 복잡한 학습 상황을 체험하게 된다. 질문하는 태도는 없어서는 안 될 요소가 된다. 옳은 답이니 틀린 답이니 하는 것은 존재하지 않기 때문이다. 그 대신 해결방안을 탐구하는 것이다. 이런 탐구로 인해 창의적 잠재력이 뿜어져 나오며, 학생들은 다의적이고 모순적이며 불확실한 일에 발을 들여놓는 경험도 하게 된다. 21세기 학교는 외부의 전문가들도 초대하며, 학생들이 공개 토론회를 꾸릴 수 있게 하고, 부모들의 전문성도 여기에 결합시킨다. '미래'라는 학습과정에는 '공유할 만한 메시지를 지닌 사람'을 초청하는 일도 들어 있다. 그들은 행동에 나설 용기를 갖춘, 본받을 만한 사람인 것이다. 용기는 통찰과 일체감 속에서 자라나기 때문이다. "이런 종류의 용기를 발달시키려면 뒤로 물러선 적이 없거나 포기라는 것을 전혀 해보지 않은 사람들을 만날 계기를 얻어야 한다. 따라서 용기를 주는 긍정적인 본보기, 형성 가능한 충실한 삶을 위해 필수적임에도 우리가 오래 전에 내팽개쳐버린 그리움을 다시 일깨워주는 긍정적 본보기가 되는 존재들이다." 게랄트 휘터의 말이다. 그야말로 '떨리는' 감동을 주는 사람, 자신의 열정을 타인에게 전염시키는 사람을 만난 적이 있다면, 이미 그런 경험을 한 셈이다. 마법의 순간 말이다. 그런 본보기가 되는 사람들은 자라나는 아이들에게 그 무엇보다도 중요한 의미를 갖는다. 왜냐하면 비전이 있는 사고를 하려면 자극과 모델이 필요하기 때문이다. 이런 사람들은 우리의 내면 이미지에 영향을 주고, 우리의 상상력을 강화시킨다.

　지구를 책임지는 생활방식에 헌신하는 사람들은 잘 알려져 있진 않다. 하지만 대안이 가능함을 보여주는 희망의 담지자들이 대단히 많은 것은 사실이다. 21세기에는 지역 학교들이 서로 연합하여 조언도 해주고, 때로는 공동으로 인사들을 초청함으로써 비용을 낮추기도 한다. 몇몇 21세기 학교들은 'Good News'라는 포맷을 도입했다. 학생과 교사는 '굿뉴스Good News'를 수집해서 웹사이트에 공개하고, 수업시간이나 학교 총회에서 토론하며, 학교 복도에 내걸기도 한다. 메시지와 '굿뉴스Good News'를 가진 사람들은 날마다 전해지는 재난 소식을 상쇄해주는 균형추가 된다. 본보기가 되는 사람에 대해 안다는 것은 희망을 만들어주고, 희망은 미래를 전망하는 힘을 내뿜으며, 미래를 전망하는 힘은 자신의 행위를 유발하는 힘이 될 수 있다.

본받을 만한 사람을 초청하고, 학교에서 진행되는 프로젝트를 부모들과 지역사회에 공개적으로 알리며 집회, '세계 카페' 또는 '정치 살롱political salons'을 조직하는 일은 하나의 프로젝트 그룹이 특별한 학습 성과로 떠맡을 수도 있고, 책임감 학습 속에 하나의 과제로 포함시킬 수도 있다. 그런 식으로 21세기 학교는 지역사회의 중심, 즉 세대가 다르고 직업과 문화가 다른 사람들이 서로 배우고 함께 의미 있는 것을 개발하며 나아가 자신의 잠재력을 발견하는 장소가 된다. 릴케Rainer Maria Rilke는 이미 1905년에 그런 꿈을 꾸었다. 그는 엘런 키*와 함께 미래의 학교에 대해 의견을 나누는 가운데 다음과 같이 썼다. "예컨대 교사용 의자가 하나 있다고 합시다. 뭔가를 경험한 모든 이가 앉을 수 있는 의자죠. 낯선 지역에 관해 이야기해주는 여행가를 위한 의자이자 기계를 만드는 사람을 위한 의자이며 무엇보다도 지식 있는 자들 가운데서 가장 단순한 사람, 즉 재주 많고 신중한 손을 가진 수공업자를 위한 의자입니다.

---

* Ellen Key. 1849-1926, 여성, 스웨덴의 교사이자 교육학자.

여기에 목수 한 명이 온다고 생각해보세요. 아니면 시계공이나 오르간 제작자가 온다고 생각해보세요. 그리고 그런 사람들은 언제 어떤 순간에든 올 수 있어요. 그물 같은 시간표가 아주 나지막이, 짐스럽지 않게, 여러 날 위에 놓여 있기 때문입니다. 종종 그물이 좀 밀리기도 합니다. 몇 주라는 시간이 어떤 사람에게는 묵주 하나 돌리듯 단조롭게 손가락 사이로 후다닥 지나가지 않기도 합니다. 모든 나날은 새로운 것으로 시작하여 예상하지 못한 것, 예상한 것 그리고 완전히 깜짝 놀랄만한 것들을 가져다줍니다. 그리고 이 모든 것을 위해 시간은 존재합니다."

21세기의 교사: 조정자, 리더, 롤 모델

교사는 21세기 학교에서도 핵심이다. '교사에게 달렸다'라는 말이 그 어느 때보다도 적절하다. 21세기 학교의 교사는 학생들을 지도하는 사람이자 관계를 맺는 사람으로서 학생들에게 방향을 제시하며 기운을 낼 수 있도록 뒷받침해주고, 요구사항을 제시하며 적정 수준을 달성하라고 채근하고, 애정을 가지고 한계를 설정해준다. 이는 단순한 교육학자의 역할에서 한 걸음 더 나아간 것이다. 20세기의 교사는 지식의 원천이었으며, 무엇보다 우선되는 것이 지식 전달자로서의 역할이었다. 반면 21세기 학교의 교사는 학습과정의 동반자이자 코치, 대화 상대, 멘토인 동시에 학습 환경과 교재 및 프로젝트를 꾸리는 사람이다. 이들의 권위는 진실성, 현재성, 인정, 존경을 기반으로 한다. 이들은 자기 분야에 대한 즐거움과 열정을 아이들에게 전염시키며, 그 과정에서 아이들로 하여금 학습 주제에 대한 개인적 접근법을 찾을 수 있도록 도움을 준다. 교사는 배우는 아이들이 학습이라는 여행에 나서서 이미 알려진 것에 안착한 뒤, 방향을 잡고 새로운 것을 발견할 수 있도록 가능성을 열어준다. 학생들이 조사하고 탐구하며 더욱 깊이 들어가고 실험하고 큰길, 옆길, 돌아가는 길을 나아가고 실수를 통해 학습한다면 어른들은 그 여행을 준비해주고 구조와 요구사항을 분명히 해주며 때로는 여행자와 동행하면서 흥미를 끌어내거나 인도해주며 때로는 멈추어 자리를 만들어주기도 하는 그런 사람이다. 나아가 가르치는 자는 배우는 자에게 자기만의 주제를 발견하고 자기만의 목표를 설정하며 자기만의 학습의 길을 나아갈 용기를 북돋아준다. 그들은 길을 성찰하고 절차를 검토할 때 의지할 수 있는 대화 상대인 것이다.

다시 한번 언급하지만, 학습은 관계를 통해 일어난다. 이는 이미 오래전부터 알려진 사실이다. 21세기 학교의 새로운 점은 교사가 관계를 구축하는 데 필요한 시간 및 공간을 일상의 활동 속에 충분히 포함시킨다는 점이다. 상담시간과 성찰적 대화를 위한 시간이 정해져 있으며 매주 정기적으로 진행되는 개인적인 대화를 통해 교사와 학생 모두 학습과정, 수업 진행 및 개인적인 요구사항에 대해 상담하고 함께 성찰하는 것이 가능하다. 피드백과 목표에 대한 합의, 학생 및 부모와 나눌 한 학기 결산 및 목표에 관한 대화 그리고 학교나 가정에서 부모와 학생이 함께 참여하는 소그룹 만남도 그 일환이다. 교사 팀에 대한 감독도 21세기 학교의 문화에서는 당연시된다. 잠재력 전개란 늘 반복적으로 학생들의 기운을 북돋아주며 그들이 자신의 긍정적 발전에 집중하게 하는 것을 의미한다. 그렇다면 학생들의 자신감을 높여주는 것은 무엇인가? 그들은 자신의 개인적인 발전이 어디에서 나타난다고 보는가? 그들의 흥미를 끌어내어 열광하게 하는 것은 무엇인가? 어디에 그들의 강점이 있는가? 교사들 또한 더 이상 하루에 백 명이 넘는 학생들을 상대로 수업을 진행할 필요가 없다. 학생, 부모와 함께 교사들이 새로운 구조를 개발한 것이다.

21세기의 교사는 자신이 전공 교과목 및 학생들과의 관계에 관하여 날마다 까다로운 일을 감당해내고 있다는 사실에 자신감을 얻는다. 사회와 학부모 또한 이를 존중해준다. 21세기 교사는 변화의 개척자로 인식된다. 그들은 팀으로 일하고 공유하며 변화 속에서 함께, 지속적으로 학습하는 것을 기뻐한다. 미래의 학교에서는 함께 일함으로써 교사가 고립감과 작별했기 때문이다. 각개전투와의 이별로 새로운 에너지가 뿜어져 나오게 된다. 교사들은 가치 인정과 동료들의 도움을 경험하며 공동의 비전이 갖는 힘을 느낀다. 비전이 크면 발걸음은 작아도 된다. 지식을 갖춘 '가르치는 자'에서 '학습의 동반자'로 바뀜으로써 교사는 (비록 많은 것을 새로 배워야 하기는 하지만) 부담을 덜 수 있다. 교사는 바로 이렇게, 젊은이들의 인성발달에 동행하고자 교사가 되었기 때문이다. 교사도 가치 인정, 관계 형성, 자기효능감, 유의미성을 향한 욕구를 갖고 있다. 그들이 이 모든 것을 경험하면 역량과 마음의 힘이 강화된다. 21세기의 교사는 용기가 있다. 그리고 이 용기는 낙관적 사고에서 온다. 누구나 어느 정도 변화에 기여할 수 있으며 중요하다고 생각하는 낙관적 사고이다.

이 과정에서 교사진에게 필요한 것은 이들을 뒷받침해주는 관리자와 학교 구조다. 구조는 여러 과정을 가능하게 하고 뒷받침해주며, 쉽게도 어렵게도 할 수 있고, 훼방을 놓거나 심지어 차단할 수도 있기 때문이다. 구조는 문화를 결정짓는다. 예컨대 교사들을 하나의 학년에 집중 투입함으로써, 수많은 학급을 담당하는 것에서 오는 소란과 어수선

학교가 시작하라

함을 없앨 수 있을 것이다. 그렇게 되면 교사는 얼마 안 되는 학급에서 많은 시간을 보낼 수 있게 된다. 또, 관계를 구축하고 서로 상의하여 합의에 이를 수 있게 되고, 팀 안에서 자기효능감을 맛보면서 학교 발전을 이루어나갈 가능성 또한 높아진다. 일주일 중 하루는 프로젝트를 위한 시간으로 확립된다. 작은 구조상의 변화로 이렇게 많은 것이 가능해지는 것이다. 따라서 미래의 학교는 과거의 구조를 면밀하게 파고들어 근본적으로 새롭게 사고해야 한다. 21세기의 학교를 위해서는 그저 교사들이 학생들을 더 많이 돌봐주어야 한다고 요구하는 것만으로는 소용이 없으며, 그건 해결책의 제시라기보다는 오히려 현실과 동떨어진 비난이다. 이는 실제의 교육 상황과 오늘날 교사들의 입장에도 부합하지 않는다. 교사들의 목표는 아이들 하나하나를 개별적으로 키워주고 격려하며 지지하는 것이기 때문이다. 열정적인 젊은 교사 세대는 이미 노련한 동료들과 함께 이런 아이디어를 바탕으로 일하고 있다. 하지만 교육 시스템을 바꾸지 않는다면, 이런 사회적 요구를 교사들이 감당할 수 없도록 기존 구조가 훼방을 놓는다면, 수많은 교사가 번아웃Burn-out 증후군에 빠질 것이다. 따라서 교사의 새로운 역할 수행에 가장 중요한 토대가 되는 것은 가치를 인정해줄 가능성이 있는 문화, 관계의 문화 속에 잠재력 전개의 과정이 구조적으로 닻을 내리는 일이다. 이는 조직화, 경영문화, 인력개발, 시간관리, 보수교육 등에 영향을 미친다.

이 모든 것을 위해서는 교사 양성 교육도 근본적으로 바뀌어야 한다. 하지만 그것을 기다리고만 있을 수는 없다. 우리는 성숙한 시민으로서 출발해야 하는 것이다. 바로 지금!

20세기 학교 VS 21세기 학교

20세기 학교	21세기 학교
수업	학습
아래로 가르치기	위로 세우기
파편화	학제성
획일성	복잡성
엄격한 시간 간격	자발성을 위한 여지
외부의 통제	자발적 제어
지시	스스로 조직화하기
같은 속도의 학습	자기 속도에 따른 학습
과제지 문화	창의적 힘
부산함(바쁨, 후다닥 해치우려 함)	시간, 관계
닫힌 교실문	열린 학습세계
선형(線型) 사고	네트워크화된 사고
정답과 오답	다수의 가능한 답
그럴싸해 보이는 학습	의미를 부여해주는 행위
여행은 교과과정을 방해한다	여행으로 학습한다
이질성은 짐이다	다양성이 보물이다
경쟁 분위기	공동체 실현하기
이기적 사고	우리라는 의식
행정관리 정신	형성의 기쁨
두려움	신뢰와 용기
옛 것의 최적화	새롭게 생각하기
적응의 함정	틀 깨뜨리기
의무를 다하는 자	자기효능감을 맛보는 형성자
위험 회피하기	위험이 곧 기회
지식 추구	유의미성 찾기
번아웃(Burn-out)	불타오름(Burn-for)

8.

21세기 학교는
유토피아가 아니다

슬슬 이런 생각이 들 것이다. '그런 건 어차피 불가능해'라고. 책을 읽는 동안 아마 이런저런 질문이 여러분 머릿속을 지나가기도 했을 것이다. 이제부터 앞의 내용을 읽으면서 들었을 의문들에 하나씩 답해보도록 하자.

지금도 잘 되는데 왜 굳이 바꾸지?

맞는 말이다. 교육은 우리 사회시스템을 진화시킨 하나의 요소이며, 진화는 언제나 그때까지 일어난 일을 바탕으로 삼는다. 그런 교육 시스템을 어쨌든 만들어냈다는 사실은 엄청난 문화적 성과라 할 수 있다. 이를 인정하지 않는 것은 우리 자신을 부정하는 일이다. 그러나 모든 발전은 동시에 현재의 시스템 중 어떤 요소가 우수하며 어떤 것이 개선할 필요가 있는지, 이 시대가 필요로 하는 것은 무엇인지를 새로운 방식을 통해 검토하여 앞으로 나아가고자 하는 열망을 품고 있다. 불행히도 우리에게 어떤 가능성이 열릴지는 알 수 없지만 말이다. 진화에서는 모든 후

속 발달이 전단계보다 더 높은 수준에 도달해 있다. 성공적인 진화는 항상 선행 단계를 뛰어넘는 동시에 그것을 포함함으로써 더 많은 가능성을 만든다. 눈을 감지만 않는다면, 확실한 기회를 잡을 수 있다. 이미 창조한 것을 바탕으로 삼아 다른 여러 가능성을 활용할 기회를 말이다. 이렇게 함으로써 고착화와 정지 상태를 피할 수 있다. 사회적, 경제적 복잡성이 증가하고 있는데 교육만이 정체되어 있을 수는 없는 것이다. 이전 교육 시스템의 혜택을 받은 사람들은 그것이 그대로 고착되지 않고 다음 세대를 위해 이어질 수 있도록 도와야만 한다.

그건 다른 데서는 안 통한다니까!

맞는 말이다. 돌보고 양육하고 신뢰하는 환경 속에서 자란 사람들이 다른 환경 속으로 들어가게 되면 어느 정도의 문화충격을 겪을 것이다.

그러나 우리는 성장과 잠재력 전개의 기회가 되는 모든 새로운 상황에 감사해야 한다. 우리의 잠재력은 다른 환경 속에서 가라앉아 버리는 것이 아니다. 오히려 함께 뭔가를 형성하는 데에 도움이 된다. 타인과 접촉할 때 성숙한 내적 지향성이나 결정 능력을 지니고 있으면 큰 도움이 된다. 이런 능력은 각각의 조건에 대한 가부를 분명하게 표현하는 것도 포함한다. 잠재력을 펼치는 학교를 졸업한 학생은 비슷한 접근법을 취하는 우수한 대학이나 교육기관을 추구한다. 이러한 대학을 졸업한 사람들은 21세기의 기술 기반 환경에서 성공하는 데 문제가 거의 없을 것이다. 그들이 갖추고 있는 것이 21세기 노동시장이 필요로 하며 수요가 많은 능력이기 때문이다.

애를 써야 좋은 성적이 나오지

맞는 말이다. 우수한 성적은 노력 없이 얻을 수 있는 것이 아니다. 그러나 노력에는 다양한 형태가 있다. 타자에 의해 부과된 노력과 스스로 선택한 노력이 있다는 말이다. 자신을 펼칠 기회가 있었던 사람은 시험과 성적, 거기에 필수적으로 들어간 시간의 필요성을 별 어려움 없이 이해한다. 아이에게 시험을 치를 동기가 전혀 생기지 않는다면 그것은 아마 과목이 잘못되었거나 시기가 적절하지 않아서일 것이다.

부모들이 이런 질문을 계속하는 것은 이해가 간다. 그러나 잠재력의 전개와 학업적 성취가 서로 상반되는 것이라고는 그 누구도 말하지 않았다. 오히려 그 반대라 할 수 있다. 잠재력의 전개를 위해서는 당사자가 관심을 갖는 분야에서의 성취가 꼭 필요하기 때문이다.

아이들은 억지로 시키지 않으면 아무것도 하지 않아

맞는 말이다. 관건은 자유공간이라는 것을 어떻게 이해하느냐에 달려있다.

자유공간이라는 말에는 자신의 잠재력을 펼칠 자유뿐만 아니라 그 공간을 제한하는 여러 벽도 포함되어 있다. 도전과 제한이 없는 자유는 방종으로 끝난다. 그러나 자유는 없고 제한만 있는 공간을 우리는 감옥이라 부른다.

교사들에게 진정한 도전과제는 호기심과 학습에 대한 욕구를 잃어버린 청소년이다. 이런 아이들이 자유공간에 들어가면 처음에는 정말 아무엇도 하지 않는다. 이런 경우 아이들의 태도를 바꿔줄 수 있는 건 오로지 새로운 경험에 노출되는 것뿐이다.

그 방식으로는 보편교육이 실패할걸?

보편교육은 전인교육, 다시말해 인성교육도 포함한다. 따라서 인성교육은 학교가 해야 할 핵심 업무라고 볼 수 있다. 그러나 인성교육은 책보다는 경험을 통해서 이루어진다.

보편교육에 대해 논할 때 중요한 것은 학교에서 어떠한 지식체계를 강조할 것인가 하는 점이다. 예를 들어, 독일의 경우 대다수의 학교에서 로마제국에 대해서는 매우 자세하게 배우면서도 비슷한 시기에 믿을 수 없을 정도의 풍요로움을 구가한 전성기 아랍 문화에 대해 배우는 분량은 아주 미미하다. 어느 나라 출신인지, 그 나라의 경향이 어떠한지에 따라 지식의 목표는 달라진다. 그리고 여기에 시험이라는 것이 담장을 친다. (이건 배워야 한다, 이건 배우지 않아도 된다는 식.) 모든 사람이 똑같은 것을 알 수는 없다. 예외가 있다면, 시험에 나오기 때문에 공부하는 부분뿐이다.

흥미로운 점은, 시험을 위해 익힌 지식의 95% 이상이 금방 기억에서 잊힌다는 것이다. 지식의 잔존율은 유의미성, 교재와의 연관성, 정서적 맥락 그리고 어떻게 배웠느냐의 여부에 크게 의존한다. 프로젝트 기반 수업을 통해 획득한 지식은 더 뚜렷하게 네트워크화되고, 실제 삶에 응용하기도 쉬워지며, 기억의 잔존율도 크게 높아진다. 따라서 이것이 더 나은 보편교육이라 볼 수 있다.

그래도 규율은 있어야 하고, 의무감 있는 사람도 필요해

맞는 말이다. 공동체 속에서 일해본 적이 있거나 프로젝트 하나를 개발해본 사람은 개개인이 얼마나 중요한지를 안다. 규율과 의무감은 책임에서 나온다. 이런 태도는 여러 실천 속에서 학습된다. 그리고 의무에 대단한 의미가 있어서는 안 된다고 단언한 사람은 없다.

그런 학교는 법적으로 허용되지 않아

이건 잘못된 생각이다. 실제로 얼마나 많은 것이 가능한지를 알면 놀라서 자빠질 것이다. 이 책에 기술된 모든 변화가 독일 연방 거의 모든 주에서 시행되는 현행 교육법 테두리 안에서 실질적인 구현이 가능하다.

9
·
미래는
지금
시작된다!

"많은 유사성에도 불구하고 우리 삶의 모든 순간은 마치 새로 태어난 아이처럼 이전에 없었고 이후로도 없을 새로울 면모를 가지고 있다. 그 새로운 상황이 그대에게 요구하는 대답은 미리 준비해둘 수 없는 성질의 것이다. 그것은 과거의 것에는 전혀 관심이 없다. 그것이 기대하는 것은 현재요, 책임이다. 바로 지금의 그대 자신을 요구하는 것이다."

- 마르틴 부버Martin Buber

'착수한다'라는 말은 점검할 목록이나 매뉴얼 따위 없이 '지금 바로' 시작한다는 의미이다. 무언가를 새로 시작한다는 것은 새로운 영역에 들어선다는 뜻이고, 우리는 그 안에서 더듬더듬 앞으로 나아간다.

책임감 갖기

책임감을 갖기 위한 첫걸음은 자신의 역할을 바라보는 관점을 바꾸는 것이다. 행위의 자유는 책임을 받아들이는 경우에만 생겨나고, 그래야만 의미가 있다. 변화를 일으킬 책임이 타인에게 있다는 잘못된 믿음에 매달리는 한, 우리는 함께 형성하는 일에 나서지 않을 것이고 나설수도 없을 것이다. 그러나 불행히도 대다수의 사람들은 책임이란 단어에 대해 부정적인 이미지를 가지고 있다. 책임을 종종 짐이라거나 책임전가 등과 같은 것이라고 생각하기 때문이다. 그러나 책임은 어떤 행위공간 내에서 전개되는 하나의 자유라는 긍정적인 측면을 가지고 있다. 따라서 책임을 받아들인다는 것은 하나의 내적 결심이라고 할 수 있다. 즉, 나를 불만스럽게 만드는 요인을 누군가가 바꿔줄 때까지 기다리지만은 않겠다는 결심이다. 착수한다는 것은 적극적으로 함께 행동하겠다는 결심이다.

낡은 것을 내려놓고 새로운 것을 떠올리며 그에 따라 행동하는 것은 용기다.

동맹 맺기

착수한다는 것은 또한 함께 시작한다는 것을 의미한다. 서로 다른 여러 집단이 함께 협력한다는 것이다. 비전이나 거대한 계획을 혼자만의 힘으로 실현할 수 없다는 것은 냉혹하지만 객관적인 사실이다. 저마다 각개전투를 하다 보면 여러 기관이나 시스템에 얽매여 일하다가 지치고 좌절하며, 결국 실패할 위험이 크다. 학교에서 변화를 시작하는 일은 교사와 부모, 학교 지도부 및 학생들로 이루어진 동맹이 성립될 경우에만 가능하다.

협력이라는 단어가 마치 입에 담는 것만으로 실현되는 마법의 단어처럼 들릴지도 모른다. 하지만 여러 집단이 하나로 모이면서 생겨나는 새로운 요구를 처리하는 일은 말처럼 쉽지 않다. 그러나 서로 최소한의 합의에 이르는 것을 추구하기보다는 수많은 개개인의 관점, 능력 및 감정에서 생겨나는 결과물을 취합함으로써 새로운 것을 빚어내는 것이 중요하다. 우리도 마찬가지지만, 협력하는 법을 배우지 못해 집단으로 행동하는 것을 까다롭고 어려운 일이라고 여기는 오늘날의 세대에게 이는 아주 중요한 과제이다. 실제로 내용상의 어려움 때문에 실패하는 계획은 극소수에 불과하다는 사실도 이런 면을 잘 드러내준다. 대다수의 프로젝트가 실패하는 이유는 인간관계의 문제나 크고 작은 여러 갈등 때문인 것이다.

따라서 동맹을 맺어 일한다는 것은 협력관계를 적극적으로 만들어내고 인간관계를 업무 내용만큼이나 진지하게 받아들인다는 것을 의미한다. 동맹을 맺어 일하려면 깊은 사려와 명료성, '나'와 '우리' 사이의 균형이 있어야 한다. 이는 한편으로 타인에 대한 인식과 그들의 다양성을 이해하고 포용할 것을 요구한다. '그러나'를 '그리고'로 만드는 강력한 노력을 요구하는 것이다. 동시에 동맹을 맺어 일한다는 것은 내가 다소 취약하게 보인다 해도 성실하게 이바지한다는 것을 의미한다. 이러한 접근법을 적용해서 작은 것들부터 실천할 수 있다. 예를 들어, 타인의 말을 경청하고 그들을 이해하려는 노력을 기울이는 동시에 한편으로는 명확하고 견고한 주관을 유지하는 것 등이다. 이런 접근을 통해 성공적인 공동 창의로 나아갈 길을 열 수 있다. 서로 다른 이해관계, 지식 및 시각들로 하나의 새로운 전체가 만들어지는 공간이 태어나는 것이다.

그리고 착수한다는 건 그런 협력을 지금 시작하는 용기를 의미한다.

잠재력 펼치기

우리가 우리 자신에게 요구하는 것은 도대체 무엇인가? 그건 자아를 실현하는 것이며, 우리 아이들에게도 그 길을 열어주고 싶어 한다. 따라서 우리의 도전과제는 아주 드물게 경험할 수밖에 없었던 삶의 '마법의 순간', 결코 매일의 일상일 수는 없는 그런 경험을 보여주는 것이다.

학습, 학습, 학습

학습은 매우 능동적인 과정이다. 진정한 학습이란 주제 하나를 붙잡아 의식적으로 매달려 공부하고 그것이 무의식의 영역에 이르기까지의 과정을 의미한다. 따라서 잠재력 전개라는 하나의 학습문화를 원한다는 인식만으로는 이를 내면화할 수 없다. 개별적으로든 공동으로든 배움의 길이 있어야 한다. 배움의 길이란 잠재력과 마찬가지로 개별적이므로, 어떻게 배우는지, 배우려면 무엇이 필요한지는 우리 자신이 가장 잘 안다. 하지만 우리 중 그 누구도 '나는 잠재력 전개를 내면화했다'고 말할 수 없을 것이다. 사실 잠재력 전개가 무엇인지를 정확하게 이해하는 사람조차 없다. 잠재력을 펼치는 쪽으로 나아가겠다는 결심은 동시에 우리 자신과 마주하여 철저하게 싸우겠다는 것을 의미한다. 우리는 하나의 공동체로서 함께 떠나는 여정의 시작점에 서 있다. 잠재력 전개는 어디까지나 하나의 과정일 뿐, 결코 종착점이 아니다.

서로의 가치를 인정하는 성찰

이런 맥락에서, 착수한다는 것은 스스로에게 집중하고 자신이 타인에게 어떻게 받아들여지고 있는지를 알기 위해 의식적인 노력을 기울

학교가 시작하라

여서 자기 자신에 대해 더 많이 학습한다는 뜻이라고 할 수 있다. 동시에 우리는 고전적인 피드백 과정과 거기에 포함되는 모멸적, 가학적 측면들에 친숙해져 있다.(고전적 피드백의 가학적 측면이란 '왜 이것밖에 못했어', '성적이 왜 이 모양이야'처럼 상대의 가치를 낮추고 학대하는 방식을 의미한다.) 반면 존중하는 성찰이란 진정성과 우호성(애정), 개인의 책임감을 기반으로 한다.

진정성이 중요한 이유는 거짓된 아첨이나 칭찬을 가장한 조롱 따위에 탐닉하는 대신, 자신을 존중하는 태도로 관찰하는 노력을 하기 때문이다. 우호성(애정)이 중요한 이유는 이 기본적인 정서가 없으면 자신에게든 타인에게든 성찰이 긍정적으로 받아들여지기 힘들기 때문이다. 마지막으로 책임감이 중요한 이유는 책임감이 있어야 자기 성찰을 통해 불안정해지지 않고 자신을 강화할 수 있기 때문이다. 여기에는 무엇보다도 책임감이 필요한데, 자기 성찰의 과정은 오롯이 자기 자신 안에서만 이루어지기 때문이다. 우리에겐 외부의 피드백을 받을 권리가 있긴 하지만, 동시에 거부할 권리도 있다. 외부의 피드백이 항상 보편타당한 진리에 부합하는 것은 아니며, 때로는 우리 자신보다 타인에 관한 내용이 더 많을 때도 있다는 사실을 우리는 너무나 잘 알고 있다. 우리는 우리가 바꿀 수 있는 부분, 발전시킬 수 있는 부분을 구분해내기 위해 최대한의 진정성과 애정을 담아 자기를 검토해야 한다는 사실을 알고 있다.

직관과 지성

지능이란 단순히 분석적, 합리적 사고 이상의 그 무엇이다. 지능에는 몇 가지 종류가 있는데 정신적, 정서적, 영적, 물리적, 촉각적 지능이 그

것이다. 잠재력 전개란 자기 자신의 재능을 포함한 모든 재능의 가치를 동등하게 인정해주는 것을 의미한다. 다양한 지능은 우리의 행위와 의사 결정을 풍성하게 해주는 다양한 관점을 제공해준다. 다양한 지능은 시야를 우리의 행위공간과 형성공간으로 확대해준다. 우리의 행동에 다양한 세계가 반영되게 해주는 것이다. 우리가 아이들에게 심어주고자 하는 바로 그 다양성 말이다.

동시에 직관 또한 필요하다. MIT의 연구자 오토 샤머Otto Scharmer가 말했듯이, 직관이 있어야 자기를 개척하고, 우리도 모르게 전개되거나 "떠오르려" 하는 미래에 대비하여 우리 자신을 개방할 수 있기 때문이다.

모범 보이기

책임감 있는 자기 성찰에 기반한 꾸준한 학습, 기쁨 그리고 자신과 타인과의 우호적 교류는 잠재력 전개의 근간이다. 이제 이를 내면에서만 성장하게 하지 말고, 바깥으로도 드러나도록 모범을 보여야 할 때다. 결과적으로 우리 역할도 바뀌게 된다. 예를 들어 교사는 지식의 전달자에서 자신도 배움의 길 위에 있는 학습 파트너로 바뀐다. 전통적인 교장 선생님은 부모, 학생 및 교사와 하나가 되어 활동하면서도 여전히 결단력을 갖춘 사람으로 바뀐다.

이러한 변화를 일으키다 보면 상처를 입을 수도 있고 공격에 노출되기 쉽기 때문에, 실행하려면 용기가 필요하다. 그러나 동시에 아동과 청소년의 잠재력을 전개하는 등의 다른 긍정적인 요소에도 노출될 수 있고 수용적으로 변할 수도 있다. 이게 실현되면 옛 권위는 아래에 묻히고 인간적이고 성숙한 권위가 자랄 수 있게 된다.

자기의 태도

여기에서 말하는 착수란 항상 그리고 최우선적으로 자기 태도를 붙잡고 씨름한다는 뜻이다.

지각知覺의 초점이 남을 평가하고 재단하는 눈으로 보는 것에서 자기 자신을 바라보는 관점으로 이동하는 것이다. 세상을 보는 내 시각에 영향을 주는 나의 '문화적 배경'은 어떠한가? 타인을, 상황을 받아들이는 방식에 영향을 주는 것은 무엇인가? 다른 사람들이 나 자신, 내 학생 또 그 밖의 사람들을 대할 때 어떤 태도를 취했으면 좋겠는가?

이러한 자아 인식이 태도 변화의 근간이며, 태도의 변화는 행동에 영향을 미친다. 존중하며 살겠다는 바람은 변화의 첫 단계이기는 하지만, 그것만으로는 아무런 변화도 일으키지 못한다. 실제로 변하려면 경험이 필요하다. 타인과의 접촉을 통해 나 자신을, 내 태도를 검증하는 경험 말이다. 태도를 바꾸려면 상황 속으로 직접 적극적으로 들어가야 한다. 그러려면 '임의의 친절행위random acts of kindness'(꼭 해야 하는 것은 아니지만 소소한 일을 남을 위해 일상적으로, 우연적으로 행하는 것. 예를 들어, 멀리서 오는 사람들을 위해 엘리베이터 문을 열고 기다린다든지 무거운 짐을 든 사람을 도와주는 행위와 같은 것을 말한다.-역자)로 부드럽게 시작하는 것이 도움이 된다. 그러다 보면 대가를 바라지 않고 주는 행위가 분위기를 얼마나 바꿔놓을 수 있는지 체험할 수 있을 것이다. 그것도 단 몇 주 만에 말이다. 이를 한 차례 경험하고 나서 태도의 변화가 내면세계뿐만 아니라 외부세계에까지 직접적인 결과를 가져온다는 확신이 서게 되면, 그런 태도는 행위 속에 지속적으로 통합될 수 있으며, 하나의 굳건한 태도가 된다. 소파 위에 누워만 있어서는 태도를 바꿀 수 없는 것이다.

비전 개발하기

　시작하려면 특정 태도를 익히는 것만으로는 부족하다. 행동을 이끌 구체적인 비전이 있어야 하는 것이다.

　비전을 찾을 때 학교에 관한 법령을 뒤져보자는 발상을 누가 하겠는가? 그러나 실제로, 예컨대 베를린의 학교법 등을 찾아 읽어보는 것은 도움이 된다. 거기에는 다음과 같이 쓰여 있다.

　"학교가 해야 할 일은 학생들이 지닌 모든 고귀한 자질들을 완전히 펼치게 하는 것 그리고 그들에게 최대한의 판단력, 기초지식 및 능력을 전수하는 것이다. 학교의 목표는 국가사회주의 이념이나 폭력적 지배를 추구하는 다른 모든 정치적 주장에 단호히 맞서는 동시에 민주주의, 평화, 자유, 인권, 성평등을 바탕으로, 또 자연 및 환경과 조화를 이루어 국가와 사회에서의 삶을 형성할 수 있는 능력을 갖춘 인물을 양성하는 것이어야 한다. 이런 인물은 보편성에 대한 책임을 의식하고 있어야 하며, 이들의 태도는 모든 인간의 동등한 권리를 인정하고 모든 진정성 있는 확신을 존중하며 사회관계의 발전적 형성과 민족 간의 평화로운 소통의 필요성을 인정함에 의해 결정되어야 한다."

　이것이 학교에 맡겨진 핵심 임무다. 그리고 우리 행동을 위한 아주 훌륭한 비전이다.

　더욱 희망적인 사실은 이런 비전을 함께, 자신의 언어로, 이 학교에 있는 우리의 동맹이 중요시하는 여러 요소를 가지고 발전시키고 표현할 수 있다는 것이다. 그러면 이 비전은 정말로 우리의 것이 된다. 행동

학교가 시작하라

의 근거가 되며 행동을 이끄는 비전이 되는 것이다.

의사 결정의 바탕

비전이란 한 번 종이 위에 옮긴 다음 서랍 속에 넣어두고 망각하는 추상적인 꿈을 의미하는 것이 아니다. 비전을 갖고 일한다는 것은 비전을 일상적으로 쓰이는 도구로 삼는다는 뜻이며, 사소해 보이는 모든 결정에도 이 비전을 끌어들인다는 뜻이다. '모든 게 제대로 구상되어야 새로운 학습문화가 완결된다'라는 우리의 좌우명에 따르면, 변화는 하루아침에 일어나지 않는다. 관건은 학교의 모든 양상 하나하나, 결정 하나하나를 차근차근 비전과 조화되도록 만드는 일이다. 공간 배치, 시간표 및 의사 결정 구조에 관한 결정 또한 학생들의 일상과 마찬가지로 비전에 영향을 받는다. 우선은 나 자신의 비전을 표현한 다음, 그것을 내 영향권 안에 있는 모든 결정의 토대로 의식하는 것으로 시작할 수 있다. 잘 살펴보면 의사 결정의 범위는 흔히 예상하는 것보다 훨씬 더 크다.

상상과 놀이

우리의 비전을 구체화하려면 엄밀한 사고뿐 아니라 상상과 놀이의 요소도 있어야 한다. 상상력이 없다면 기존 시스템을 깨부수고 새로운 것을 생각해내는 창의력이 나올 수 없다. 잠재력 전개는 이런 상상을 위한 공간을 만들어준다. 함께 꿈꾸는 것, 혼자 꿈꾸는 것을 가능케 해주는 공간이다. 인류학자 아르준 아파두라이Arjun Appadurai는 '열망의 수용량(capacity to aspire)'이라는 개념을 만들어냈다. 그 요지는 우리 상상력의 크기에 따라 모든 게 완전히 달라질 수도 있다는 것이다. 이러한 '열망의 수용량'은 모든 비전의 중심 요소로, 상상에 더 많은 공간을 할애할 수록 더 많이 성장한다.

비전을 학습과정에 통합하라

착수한다는 것은 잠재력 전개의 비전을 학습이라는 체험에 통합하는 것을 의미한다.

지식과 실천 능력

가르치고 배우는 과정에서의 잠재력 전개는 고립된 개념이 아니다. 그것은 지난 수십 년의 발전에서 만들어진 세 번째 개념 단계다. 교육은 오랫동안 지식 전수라는 목표를 추구했다. 지식은 정보의 전달 그 이상의 개념이다. 지식은 실천 능력의 변형과 더불어 살아간다. 가르치는 이는 지식을 골라내어 가공해줌으로써 배우는 이가 지식을 행위에 연관시킬 수 있게 한다. 이렇게 함으로써 학습목표는 내용에 관한 것뿐만 아니라 실천 능력 갖춰주기 차원에서도 설정되어 있다.

능력을 개발해주려면 교사는 초점을 다른 곳으로 옮겨야 한다. 가르치는 자가 트레이너가 되어 학생들로 하여금 배운 것을 안전한 공간 안에서 오랫동안 반복해서 연습하게 함으로써 내면화할 수 있도록 하라는 것이다. 개인은 각자가 다 개별적으로 고유한 존재다. 그러므로 모두가 동일한 학습방법으로 똑같은 지식과 능력을 획득하게 할 게 아니라, 개개인의 잠재력과 연관된 각자의 길을 나아갈 가능성을 주어야 한다. 이런 인식을 취한다면, 우리는 잠재력 전개의 길 위에 서게 될 것이다. "모든 아이는 탁월한 재능을 갖고 있다"고 한 휘터의 말에 따르면,

가르치는 이의 임무는 아이들을 도와 각각의 고유하며 탁월한 재능을 발견하여 펼치게 하는 것이다. 지식의 전수 및 능력의 훈련이라는 과제에 개인별 학습의 동행자라는 과제가 더해지는 것이다.

새로운 매체들

교사를 통한 지식 전수를 학생에 의한 지식 획득으로 바꾸는 일에는 여러 가지 새로운 매체가 놀라운 정도로 많은 도움을 제공해준다. 위키피디아와 유튜브에는 거의 모든 주제가 시각화되어 깔린다. 테드TED의 영상자료들은 18분 만에 나노 기술에서부터 진화생물학에 이르는 여러 새로운 지식 분야에 대해 영감을 불어넣어준다. 이들 외에도 학생의 지식 획득을 전문으로 하는 훌륭한 웹사이트가 많이 있으며 어린 세대를 위한 특별한 검색엔진도 있는데, 예를 들면 www.blinde-kuh.de는 아동을 위한 최초의 독일어 검색엔진이다. 이것이 수업에 갖는 의미는 지식의 목표를 만들어내는 것이지, 지식 자체를 마련해 올리는 것이 아니다. 동시에 여기에 있는 질문들은 아주 복잡해서 웹페이지 하나를 열어 베끼는 것만으로 대답할 수 있는 성질의 것이 아니다. 질문이 복잡할수록 거기에 대답하기 위해서는 다양한 능력을 갖춘 그룹이 절실하게 필요해진다. 어려운 문제를 함께 풀어가는 경험을 새로운 매체들이 도와준다. 여기서 중요한 것은 이 매체들은 절대로 그 자체가 목적이 되지 않고 항상 도구로 머물러야 한다는 점이다. 교육학자 수가타 미트라Sugata Mitra는 테드 강연에서 '벽에 구멍 내기(Hole in the Wall)'라는 프로젝트를 소개한다.[16] 이 프로젝트에서 그는 우선 인도 뉴델리의 한 슬럼가 담장에 컴퓨터 한 대를 설치했다. 여덟 시간 뒤 그가 그곳에 들러보니 아이들이 컴퓨터로 인터넷 서핑을 하며 서로서로 이용법을 가르쳐주고 있었다. 교육을 받은 어른이 아이들에게 가르쳐준 것이 아니라는 것을 확실히 하기 위해 그는 약 500킬로미터 떨어진 어느 시골 마을에 가서 실험을 반복했다. 여섯 달 뒤 그가 마을을 다시 방문했더니 아이들은 컴퓨터로 게임을 하고 있었으며, 그에게 더 빠른 프로세서와 더 좋은 마우스를 요구했다. 또 그가 영어로만 작동되는 기계를 준 탓에 먼저 영어를 배워야 했다며 약간의 불만을 토로했다고 한다.

스스로 도전하기

도전과제에 뛰어드는 것은 지식의 측면에서만 가능한 것은 아니다. 인격 도야에 유용한 도전과제들을 받아들이려면 무엇이 중요한지 학생들은 알고 있다. 이런 도전과제들은 여러 학급에서 통합적으로 실행될 수 있다.

내용에서 과정으로

지식 목표와 도전과제들을 갖고 하는 작업이 의미하는 것은 전반적으로 하나이다. 준비한다는 것은 내용적으로 무언가를 마련해두는 것이 아니라 학습의 틀을 형성하는 것과 연관된다. 올바른 정보를 골라 아이들이 이해할 수 있도록 가공하는 일은 이제 더 이상 중요하지 않다. 꼭 알아야 할 지식과 관련한 외적 동기유발이라는 그물을 만드는 것도 더 이상 관건이 되지 못한다. 중요한 것은 '학생들을 위한 과제와 활동을 어떻게 엮어주어야 학생들이 스스로 목표를 만들어 거기에 도달할 수 있을까?'라는 물음이다. 이를 위해서는 가치를 인정해주고 지지해주는 활기찬 집단, 다양성의 존중 그리고 함께 도전을 받아들이려는 자세가 필요하다.

여기서 시작한다는 것의 의미는 걱정은 잠시 옆에 내버려두고 초점을 지식에서 학습구조로, 또 공존방식으로 옮긴다는 뜻이다.

운동의 일부가 되자

변화는 모든 학교에서, 매일같이 일어난다. 이에 대한 안내서는 전혀 존재하지 않는다. 모든 새로운 변화는 학생들, 우리 자신, 그리고 보다 큰 맥락을 바라볼 것을 우리에게 요구한다. 이곳에서 우리는 우리 자신을 위해 서 있다. 착수하기 위해서는 우리가 온전한 사람으로서 그렇게 서 있어야 한다.

용기 공동체

동시에 이미 교육적 집단의 움직임이, '하나의 운동'이라고 부를 수 있는 것이 존재한다. 우리가 토대로 삼을 수 있는 기초로는 여러 가지가 있다. 수많은 혁신 학교 및 정치 단체들이 이미 수십 년 전부터 여러 새로운 개념들을 가지고 작업을 하고 있는 것이다. 수많은 사람이 의식적이든 아니든 이미 이 방향으로 움직이고 있다. 그들은 모두 학교가 계속 발전하기를 원한다.

우리는 때론 혼자서 책임을 떠맡기도 하고, 공동으로 학교를 움직이기도 한다. 그러나 이런 것이 하나의 운동이 되면 우리는 훨씬 더 많은 것을 움직일 수 있다. 이 세 가지 측면 모두는 구체적 행위에서의 관점들이다. 운동에 뛰어든다는 것은 비난하는 공동체에서 벗어나 용기 공동체로 들어선다는 말이다.

수많은 사람이 함께한다는 것을 아는 것만으로도 힘이 된다. 동네와 지역의 행동 그룹, 인터넷을 통한 네트워크화 또한 이런 운동이 일어나고 있음을 알게 해준다.

온라인이나 오프라인에서 사람과 만날 때 우리를 늘 따라다니는 질문은 '우리는 무엇을 이루려 하고, 스스로 할 수 있는 일은 무엇인가?'하는 것이다. 그러다 나중에는 '우리의 접근방식과 경험을 어떤 식으로 나누어야 현실에서 검증된 정치적 제안들을 표현할 수 있을까?' 하는 것이 된다.

용기 공동체는 누군가가 내 말과 내 꿈을 들어주는 안전한 공간이며, 내가 원할 때 도움을 주는 곳이다. 여기서는 착수한다는 말이 다른 사람과 결합하여 안전한 곳을 만들고 유지하는 책임을 함께 떠맡는다는 것을 의미한다.

운동은 단순한 하나의 네트워크 이상의 의미를 갖는다. 중심부에서는 서로 적극적으로 결합하고, 개인적으로 알고 지내며, 서로 자주 만나는 사람들이 움직인다. 바깥쪽에는 다양한 온라인 공간에서 활동하는 하나의 커뮤니티가 있다. 그러나 이런 운동의 대부분은 우리 눈에 보이지 않는다. 본디 영웅이란 영감을 받아 실천에 나서는 사람을 말한다. 우리 눈에 보이는 것보다 훨씬 더 많은 사람이 이 운동을 정신적으로 떠받치고 있다는 안도감은 용기를 북돋아주는 마르지 않는 샘이다.

시범 프로젝트

이를 위해서는 구체적인 학습장소가 필요하다. 먼저 변화를 시작한 것은 지방의 학교들이다. 경험은 이미 충분하므로, 이 경험과 함께 계속해서 학습할 수 있다. 그런 학교 중 대다수가 자신의 경험을 온라인을 통해 흔쾌히 공유해주었다. 그들은 칭찬을 받아 여론을 형성한다. 하지만 각각의 유명한 시범 프로젝트 뒤에는 수백 가지의 알려지지 않은 프로젝트가 숨어 있다. 그러면 어떻게 시작할 수 있는가? 직접 가보면 된다. 우리가 발견한 곳이나 소문이 난 곳으로 가보자. 많은 경우 방문이 허용된다. 사람들은 대개 자신의 성공 경험을 다른 사람들과 나누는 것을 좋아하기 때문이다. 그런 방문은 학습 여행이며, 놀라움을 안겨주는 프로젝트가 많겠지만 결코 그것을 이상으로 삼아서는 안 된다. 사례는 그저 영감을 주고 상상력을 확대하는 데에 도움을 줄 뿐이다.

왜 이상으로 삼으면 안 되는 걸까? 그건 잠재력 전개 운동이 추구하는 바가 잘 작동하는 하나의 학교 구조를 만들어 모든 이가 그걸 베끼게 하는 것이 아니기 때문이다. 잠재력 전개의 목표는 '개체화된 공동체(게랄트 휘터)'이다. 이는 인간과 조직의 유일성을 발달시키며 하나의 길인 동시에 온전히 자신만의 길을 걷는 사람들의 지원을 받는 공동체다. 따라서 이런 방문을 할 때는 항상 '감동을 주는가', '확신을 심어주는가', '우리 학교의 목표에 적합한가'라는 질문을 스스로 던져야 한다.

자신의 운동을 이상화하지 않는 것은 손님을 맞이하는 학교 측 입장에서도 중요하다. 그 학교 또한 한창 배우는 도중에 있는 조직이며, 단지 자기가 믿는 것을 실천하고 실험하는 일을 조금 먼저 시작했을 뿐이기 때문이다. 따라서 그런 학교를 전문가라고 간주해버리면 그들을 같은 눈높이의 운동으로부터 배제함을 의미할 것이다. 이는 매우 중요한 요소인 오류친화성을 위태롭게 만들지도 모른다.

그래서 구체적으로 어떻게 하라는 말인가. 인터넷을 뒤져보고, 다른 사람과 다른 학교들을 방문해 개인적인 친분을 쌓으라는 것이다.

네트워크화

개체화된 공동체란 정확히 무슨 뜻인가? 나만의, 아주 개인화된 길을 발견해 나아가는 것은 온전히 내 책임이다. 그러나 이는 혼자 할 수 있는 일이 아니다. 혼자 하면 너무나 힘에 부치며 학습이 덜 이루어지고 수많은 좌절과 맞닥뜨릴 수밖에 없다. 그런 까닭에 서로 지지해줄 사람, 동행해줄 사람이 있어야 한다. 하나의 운동은 수많은 작은 네트워크가 모여서 이루어지며, 그 네트워크 중의 하나와 인연을 맺거나 새로운 네트워크를 만드는 것은 개인이 할 일이다.

네트워크는 놀라운 장소이다. 지지해주고 학습 공간을 제공하며 여러 활동을 하나의 덩어리로 묶어준다. 또 정기적으로 사람을 아주 초조하게 만든다. 일반적으로 네트워크는 자발적으로 조직된 하나의 무보수 결합체다. 다시 말해 협력 활동의 지향점이 되는 명료한 구조가 있는 것도 아니며, 함께 싸우는 활동가들과 신뢰를 쌓을 만한 시간을 충분히 낼 수 있는 것도 아니라는 뜻이다. 극도로 다양한 사람들, 서로 다른 노동문화가 만나는 것이다. 네트워크는 종종 거대한 영감의 불과 함께 타오르며 시작하다가도 시간이 흐르며 불이 꺼진다.

하지만 이 불이 비교적 오래도록 살아남도록 붙잡아주는 요소는 몇가지 있다. 누군가가 주도적으로 성과를 정리하고 시각화하며 모두가 한마디씩 하도록 챙겨주는 것은 어떤 상황에서든 도움이 된다. 공동으로 이뤄낸 작은 성공을 외부세계에서 정기적으로 실천함으로써 말에만 머무르지 않는 것도 중요하다. 쳇바퀴 돌듯 빙빙 도는 논의 대신 행동을 하라. 일정한 간격을 두고 시간을 투자해 공동의 작업방식뿐 아니라 선도하는 비전을 바라보는 것도 도움이 된다.

나누고, 나누고 또 나눠라

잠재력 전개를 진지하게 받아들인다면 우리는 믿을 수 없을 정도로 많은 것을 배울 수 있다. 가능성에 대해, 우리 자신에 대해, 다른 사람들과 다른 학교에 대해서 배울 수 있는 것이다. 하나의 운동이란 전체적으로 보면 항상 주고받기의 균형에 기반을 두기 때문에 배우고 배우고 또 배우는 일에는 배운 것을 나누고 나누고 또 나누는 행위가 뒤따른다. 다른 사람들이 우리의 영감의 원천이 되듯, 우리 또한 누군가의 영감의 원천이 될 수 있다. 여러 성과 및 미해결 문제들을 공개하여 나누면 지식의 수동적 소비에서 빠져나와 새로운 공동의 지식을 개발하고 점검하는 하나의 운동에 참여할 수 있다. 우리는 계속 부추길 것이다. 학교에서 용감하게 행동하라고 말이다.

"그대가 할 수 있는 것, 혹은 할 수 있다고 꿈꾸는 것. 그게 무엇이 되었든, 일단 시작하라. '용기' 속에는 천재성, 힘 그리고 마법이 담겨 있다!"

-요한 볼프강 폰 괴테 Johann Wolfgang von Goethe

변화하는 학교

학교를 만드는 것은 우리 자신이다. 교장이고 부모이고 교사이며 학생이다. 기업과 자치단체도 나설 수 있다. 모든 학교는 새로운 학습문화를 향해 스스로 나아갈 수 있고, 그래야만 한다. 자신만의 길이다. 이를 부추기고, 네트워크로 이어주며, 서로 도와주도록 하기 위해 우리는 〈변화하는 학교Schulen im Aufbruch〉라는 단체를 설립했다.

우리(마르그레트 라스펠트, 게랄트 휘터 그리고 슈테판 브라이덴바흐)는 핵심 전문가 내지 코디네이터의 자격으로 앙겔라 메르켈 연방 총리가 발의한 '독일 미래에 대한 대화'에서 다수의 전문가들과 함께 '우리는 어떻게 배우려 하는가?'라는 문제를 파고들었다. 그러나 우리 사회의 가장 중요한 학습 장소인 학교는 독일 연방의 정책이 적용되는 곳이 아니다. 학교는 각 주의 소관이라 연방 총리와의 대화에서는 직접적인 주제가 될 수 없었다. 그럼에도 우리는 잠재력 전개를 위해 불타오른다! 수많은 방향전환이 이루어지는 바로 그곳, 학교에서 말이다.

우리 단체의 특이한 점은, 뭔가에 '반대'하지 않는다는 것이다. 우리는 뭔가에 '찬성'한다. 학교에서의 패러다임 교체에 찬성하는 것이다. 패러다임의 교체는 지식의 획득을 자유롭게 해줄 뿐만 아니라 잠재력 전개를 돕는다. 옛것을 최적화하는 것으로는 충분하지 않다. 중요한 것은 패러다임을 바꾸는 일이며, 강력한 혁신이며, 근본적인 태도의 변화다.

무언가에 대해 반대하는 것도 충분히 어려운 일이다. 그러나 찬성하는 것은 그 이상으로 익숙지 않고 복잡하다. 그럼에도 찬성할 수 있는 것은 그게 지금 필요하다는 확신이 있기 때문이다. 성공이라는 등대와 수많은 경험에 등급을 매기고 널리 전파하며 시스템 내에서 전략적으로 가동하는 것에 찬성할 필요가 있다. 당연한 말이지만 이는 학교와 교육 시스템뿐만 아니라 모든 거대한 사회적 주제들에도 똑같이 적용된다. 공중 보건, 에너지, 이동성 그리고 교육과 학교 같은 우리 사회의 핵심 주제에 대해서 정치권이 아무런 전략을 개발하지 않는다면 시민사회와 경제계가 나서야 한다. 그게 우리다. 우리는 필수적인 변화, 미래를 지향하는 변화를 스스로 생각하고 발의하며 실천할 수 있다.

하나의 사회 운동이 아무것도 없는 상태에서 촉발될 수는 없다. 기존 세력, 사상 및 운동을 기초로 해서 첫발을 뗄 수 있는 것이다. 많은 사람이 서로 다른 학교, 다양한 종류의 학습방식, 색다른 관계문화를 원한다. 적어도 계속 이래서는 안 된다는 막연한 느낌은 갖고 있다. 몇몇 사람들은 소규모 그룹 내에서 불평을 토로하고 몇몇은 정치권이 행동에 나서야 한다고 생각한다. 흔히들 내뱉는 '나는 힘이 없으니까'라는 덧말이 사라지는 것이다.

어떻게 하면 이 모든 사람이 이 운동에 뛰어들 수 있을까? 이는 어느 한 단체가 뭔가를 위해 날마다 스스로 제기하는 질문이다. 언론의 반향, 지명도 및 재정 지원은 이 운동의 성공을 위한 척도가 될 수 없다. 뭔가가 올바른 방향으로 움직일 때만 이 운동은 성공한다. 학교를 위해 뭔가가 변한다면, 그 변화는 학교 자체를 통해 촉발되는 것이 가장 좋다.

〈변화하는 학교〉 단체는 다음과 같은 네 가지 측면에서 활동한다.

1. 하나의 사회운동이 촉발되려면 일단 지금과는 다른 학교가 실제로 가능함을 보여주는 영감이 있어야 한다. 우리는 로드쇼나 강연을 통해 잠재력 전개의 학습문화라는 비전을 나누며, 이미 실천한 학교의 학생들이 자신의 경험과 깨달음을 나눠준다. 수많은 도시에서 매번 천 명 넘는 사람들이 영감을 얻으러 찾아온다. 우리가 만든 영상과 간행물은 잠재력 전개를 실천하는 사람들과 학교의 모습을 보여준다. 우리는 이런 비전을 모든 사람이 이해하도록 만들고자 한다. 중요한 것은 '열망의 수용량'이다.

2. 많은 학교가 새로운 학습문화를 향해 있는 길에 이미 들어섰다. 우리는 그들의 지식과 경험을 합성하고자 한다. 다른 학교를 변화의 길에 참여하도록 격려하고, 그들의 시선을 지식의 전수로부터 잠재력 전개로 돌리기 위해서다. 또 우리는 항상 내용과 태도, 과정을 생각하며 이를 함께 제시한다. 용기를 주는 사례와 오류로부터 배울 수 있는 것은 수없이 많다!

3. 〈변화하는 학교〉는 학습에 도움을 줌으로써 지식을 응용할 수 있게 해준다. 중요한 것은 능력이요, '어떻게 하면 개인의 발전과 사람들의 태도 변화를 가능하게 하는 기본 조건들을 제공해줄 수 있을까?'라는 질문이다. 이를 위해서는 성찰을 기반으로 한 공통의 학습과정이 온라인과 오프라인 양면에서 필요하다. 〈변화하는 학교〉에서는 온라인에서 대규모 공개 온라인 강좌(MOOCs: Massive Open Online Courses)를 개최하는데, 이 강좌에서는 참여자를 적극적인 학습자로 본다. 참여자는 자신의 실제 삶과 학교에서 완수하는 행동 과제, 성찰 과제를 수단으로 삼아 제공된 지식을 직접적인 행위로 발전시키고, 그렇게 경험을 쌓는다. 경험은 행동을 진정한 지식으로 만들어준다. 책으로 읽은 것이 내면화되고, 나아가 실천 능력이 갖춰지는 것이다. 〈변화하는 학교〉의 강좌 프로그램과 잠재력 전개 코치 양성을 위한 대학 전공과정에서도 동일한 목표를 추구한다. 새로운 학습문화를 지속적으로 실현하자는 것이다.

4. 행동을 계속 이어가려면 후원자가 필요하고, 사람들과 관계도 맺어야 한다. 그 열쇠가 되는 것은 21세기에 적합하며 동시에 미래를 지향하

는 학교의 모습을 상상할 수 있는, 적어도 그런 학교를 예감할 수 있는 사람들과 네트워크를 형성하는 일이다. 우리는 서로 만나 공명하고 공유하는 공간을 열고자 한다. 그래야 누가 후원자인지 알아볼 수 있고, 활동을 지속할 수 있을 것이다. 왕성한 온라인 커뮤니티와 서른 곳이 넘는 도시에 존재하는 오프라인 지역그룹이 기운을 북돋는다. 우리는 네트워크화를 통해 그들이 인식한 것이 널리 쓰이도록 만들고자 한다.

〈변화하는 학교〉라는 단체에 속한 우리는 모든 인간이 자신의 형성 권력을 의식하고, 그것을 실현할 수 있다고 믿는다. 잠재력 전개가 실현되면 가능성의 공간이 열린다.

"행동하는 것은 하나의 우리이지, 결코 내가 아니다"라는 한나 아렌트Hannah Arendt의 말을 따르자. 학교 이외의 어디에서 잠재력 전개를 시작해야 한단 말인가? 학교에서가 아니면 대체 어디서 자기효능감의 마법, 유의미한 형성이 주는 기쁨 그리고 공동체의 비법을 만난다는 말인가?

10
·
지역사회와 함께
움직이는 학교

독일에는 경이로운 학교가 많다. 전국적으로 무언가가 움직이고 있다. 때가 무르익었다. 점점 더 많은 학교가 길을 나설 것이다. 몇몇 학교는 이미 여러 해 전에 시작했다. '운동'이 확산되고 있는 것이다. 이 사실을 날이 갈수록 또렷이 보여주는 것은 〈변화하는 학교〉측에 들어오는 수많은 질의와 피드백이다. 대화, 전자우편, 방문, 회의 등을 통해 우리는 독자적으로 행동에 나서도록 힘을 주는 요소가 비전, 사례 그리고 용기의 세 가지임을 경험하게 되었다. 비전은 무언가를 위해 타오를 수 있는 에너지를 갖고 있으며, 의미 있는 것과 마음을 움직이는 것에 집중하게 해준다. 용기를 내본 경험은 다시금 용기를 일깨워준다. 사례는 영감의 원천이다. 이들은 내면의 지식을 자극하고, 쏟아져버린 비전을 다시 일깨워줄 힘을 갖고 있으며, 때로는 마법의 순간이 되기도 한다. 잠재력 전개는 학생, 교사, 부모, 교장, 장학사, 사회복지사 및 보육교사, 예비 공무원을 위한 직업교육 강사, 대학의 교수와 강사, 기업인, 재단 대표자, 일반 시민 등 모든 이를 움직이게 만든다. 여기서 우리는 〈변화하는 학교〉의 경험만을 말해줄 수 있지만, 실제로는 훨씬 더 많은 것이 변화의 길로 나서고 있음을 우리는 알고 있다!

학생이 전문가다: 개척자 포맷

많은 것을 글로 쓸 수 있으며, 많은 비전을 그릴 수 있고, 많은 구상을 펼칠 수 있다. 실제로 해본 것에는 설득력이 있다. 아동과 청소년이 실제 사례를 진정성 있고 열의에 가득 찬 얼굴과 마음에서 우러나는 목소리로 소개하면, 그 효과는 커진다. 학생들이 방문객을 맞이해 자기 학교를 소개하는 것은 다수의 학교가 이미 행하고 있는 일상이다. 믿고 맡김으로써 학생들이 온 나라를 순회하며 교사들을 교육하고, 교장을 위한 워크숍을 제공하며, 기업과 함께 가치를 인정하는 관계문화를 토론한다. 이것은 새로운 일이다. 동시에 젊은이의 잠재력에 대한 이런 신뢰를 진지하게 받아들이는 것은 당연한 논리적 귀결이기도 하다. 왜냐하면 그 결과 우리가 학습 전문가로서의 학생들에게 표를 던져 공공성을 부여하기 때문이다.

'우리 베를린 학교ESBZ: Evangelische Schule Berlin Zentrum'가 실천하는 것이 바로 이것, 학생들이 교육 전문가로 활동하게 하는 것이다. 그들은 영감을 불어넣고, 행동에 나설 용기를 북돋는다. 이렇게 '우리 베를린 학교'는 중요한 영감을 주는 장소가 되었다. 우리 학교는 수업 참관이나 연수교육 요청을 너무 많이 받는 탓에 매월 주기적으로 반나절 간의 워크숍을 제공하게 되었다. 교사, 교장, 교수, 대학생, 부모, 기관, 재단, 기업 등 관심이 있는 다양한 사람들이 이 워크숍을 찾는다. 특이한 점은 이 연수교육을 대체로 학생이 진행한다는 것이다. 청소년들이 진정성을 갖고 등장해 신뢰를 심어주는 것이다. 그들은 인지적, 정서적으로 참가자들에게 다가간다. 열세 살짜리 여학생이 미심쩍은 눈길로 바라보는 낯선 어른들을 상대로 당당하게 사회를 보고 생판 모르는 어른들 앞에서 자신을 학습 파트너이자 전문가라고 소개하며, 참여자 집단을 전체적으로 조망하고 비판적 의견을 수용하는 일까지 해내는 모습을 보는 것은 많은 사람에게 정신이 번쩍 들 만한 체험이 아닐 수 없다.

"내가 볼 때 학생들은 충분히 설득력이 있고 정말 진정성이 있어요. 그 아이들 덕에 나는 용기를 얻어 미심쩍어하는 동료들에게도 힘을 발휘할 수 있고, 인내력도 얻습니다."

"너희들이 당당하게 등장하는 모습과 전문성을 가지고 모든 질문에 대응하는 걸 보고 완전히 넘어가지 않을 수 없었다. 정말 고마워. 크게 고무되었단다."

"너희들의 열정에 정말 깊은 인상을 받았다. 그 열정이 내 열정도 일깨워주었고 깊은 감동을 주었다."

"인간적으로 솔직한 대답과 평가를 해주어서 고맙구나."

"입술에 미소를 머금고 학생과 학교에 대한 태도가 달라지면 쉽지 않은 상황 속에서도 아주 많은 것들이 이루어질 수 있다는 확신과 함께 이 학교를 나서게 되어 참 좋구나."

"그 자리에 참석한 교장선생님들도 학생들과 그들의 능력 그리고 설득력에 완전히 '무장해제'되고 말았어요. 멋지고 자신감 넘치는 아이들이에요. 자기 학교에 대한 책임을 지면서 문제점도 언급해요. 여기에는 사람에 의해 사람으로 간주되는 진짜 사람들이 있어요. 이걸 체험할 수 있어서 나는 정말 행복했어요. 하고자 하는 욕구와 용기가 솟아오릅니다."

"우리는 이런 구상에 정말 감격했습니다. 이 기본적 사상을 우리 시의 신규 게잠트슐레 설립을 위한 토대로 삼고 싶어요."

"너희 학교를 방문한 게 내 인생에 가장 생동감 넘치는 기억으로 남는구나. 만나는 모든 이들에게 이걸 열렬히 설명할 거야. 정말 제대로 한 방 맞은 기분이야. 해낼 수 있다는 너희들의 긍정적 견해는 놀라 나자빠질 정도였단다. 유감스럽게도 나는 젊은 사람들이 너무 자신감이 없다는 지적을 자주 해대는 편인데, 나로서는 정말 서글픈 일이란다. 그래서 너희들을 방문해서 얻은 많은 것들을 마음속에 간직할 거다. 그건 내 일상의 업무 속에서 다양한 방식으로 드러나게 될 거야. 무엇보다 지금도 나는 학교를 변화시키는 일에 함께 힘을 보태고 있으니까 말이야."

<변화하는 학교>가 설립된 이래, 우리 베를린 학교(ESBZ)는 연수교육을 통해 매월 약 150명의 방문객과 만났다. 여기에 더해 학생들이 적극적으로 주관하는 많은 회의가 있다. 그렇다 보니 학생들이, 심지어 혼자서 발표자로 초청받기도 한다.

"클라라와 마리에게 깊은 인상을 받았습니다. 두 학생은 '교육은 관계를 필요로 한다'는 구호를 삶에 가득 채우는 것과 학습이 어떻게 경험으로서 살아날 수 있는지를 보여주는 데 성공했어요. 열다섯 살짜리 학생 둘이, 그것도 아무런 도움 없이 말입니다! 나를 비롯한 40명의 교장선생님과 200

명의 교사에게는 뿌듯함을 맛보는 계기가 됐을 겁니다. 이런 기회를 주셔서 참으로 고맙습니다."

이렇게 만난 방문객은 2012년에 1만 명 이상, 2013년에는 약 2만4천 명에 이르렀는데, 로드쇼 하나에 1만 명이 참여한 적도 있다. 학생 여덟 명과 뇌 연구가 게랄트 휘터 그리고 ESBZ 교장이 이 로드쇼에 나서서 열흘에 걸쳐 열한 개 도시를 순회했는데, 세 개 주의 문화부장관이 후원을 맡아주었으며 현장에도 참석했다.

베를린에 있는 한 김나지움의 교장은 '책임'이라는 교과목을 도입하려고 고민하면서 다음과 같은 이메일을 보냈다. "책임이라는 프로젝트를 교사 회의에서 소개할 수 있도록 학생 세 명을 우리 김나지움에 보내줄 수 있을까요? 그 학생들이라면 질문에 솔직하게 대답하고 자기 경험을 알려줄 수 있지 않을까 싶습니다."

나중에는 "고맙습니다. 정말 훌륭했어요. 우리 학교는 책임이라는 교과목을 도입할 예정입니다."라고 연락이 왔다.

프랑크푸르트대학: "우리 대학이 안젤름 학생과 함께한 시간은 정말 멋졌습니다. (안젤름은 9학년으로, 프랑크푸르트 대학에서 두 주 동안 실습을 했다.) 그는 여러 세미나를 통해 많은 것을 내놓았으며, 대학생들도 중등학교에 대한 개인적 경험을 얻을 수 있는 기회를 정말 잘 이용했습니다. 그런 게 진짜 영감이지요."

잠재력을 펼치자는 메시지를 퍼 나르는 이는 교장도 아니고, 교육학자도 아니고, 정치인도 아니다. 바로 설득력을 갖춘 학생들 자신이다.

"네 명의 어린 교육 대사大使와 함께 보낸 날의 기억이 아직도 생생합니다. 우리 학생들은 이미 전염되어 있고, 교사와 부모들은 아이들이 새로운 학습에 관해 설명할 때 사용한 그 명징성에 완전히 '뿅' 갔습니다.

〈변화하는 학교〉 측과의 오랜 교류 및 활발한 지원과 협력 덕분에 우리 하일브론Heilbronn 시 교육청은 금년 총 열한 개의 게마인샤프트슐레*를 출범시키는 데에 성공했습니다. 다음 학년도에도 네 학교가 그 대열에 합류할 것으로 예상됩니다. 교사 및 학부모 그리고 언론이 우리에게 보내는 반향은 엄청납니다! 그걸 보니 기운이 나네요."

하일브론 교육청에서 보내온 편지의 내용이다.

에센 시민대학**도 마찬가지로 대단하게 여기며 다음과 같이 말했다.

"나는 성인을 위한 제2 교육과정(중등교육 과정을 거치지 못한 성인들에게 해당 과정을 이수하게 하는 공교육 과정.-역자)에 다니는 학생들에게도 수업을 진행하게 합니다. 보통은 강사들이 맡아왔는데, 학생들이 아주 훌륭하게 해내고 있습니다."

프랑크푸르트대학에서는 다음과 같은 서신을 보내왔다.

---

* Gemeinschaftsschule. '공동체 학교'로 번역할 수 있다. 1~10학년까지의 과정을 통합하여 가르치는 학교를 말한다.
** Volkshochschule. 일반 성인을 대상으로 하는 법률상의 공교육기관으로, 일종의 평생교육기관의 성격을 지니며 생활에 필요한 다양한 유료 강좌 및 강연을 제공한다. 독일 전역에 1천 개 이상이 있으며, 연간 수강인원도 수백만 명에 달한다.

"이제 나는 '학교에서의 남다른 경험'을 지닌 학생들을 세미나에 초청합니다. '그건 〈변화하는 학교〉에게서 배운 건데요'라고 말하면 항상 잘 돌아갑니다."

한 초등학교 교사는 이런 편지를 보내왔다.

"대단했습니다. 나는 일곱 명의 용감한 학생들과 그 도시로 갈 용기를 냈습니다. 그곳에 가서 함께 우리 학교를 소개했죠. 그건 하나의 실험이었습니다. 학생을 발표자로 데려가본 적이 한 번도 없었으니까요. 그것도 30명의 학교장 및 장학사 앞에서 말입니다. 〈변화하는 학교〉 덕분에 이런 영감을 얻을 수 있었습니다. 그 점에 대해 크게 감사드립니다. 모든 아이들이 후끈 달아올라 있었고, 아이들은 계속 발언을 하려고 했습니다. 아이들이란 사실 거의 제동이 안 걸리죠. 언제나요!"

모든 것에는 결과가 따른다

2011년 11월 뮌헨. '극장이 학교를 꿈꾸다'라는 주제로 한 회의장에서 강연이 진행되었다. 다음은 거기에 참여한 학교장 두 사람의 반응이다.

"내가 경험해본 것 중 가장 인상 깊은 행사였습니다. 한 마디로, 변화를 도입하는 것이 중요하다고 봅니다. 이건 경험해보지 않고서는 안 되는 일이에요. 프로세스가 하나로 연결되어야 한다는 것은 말할 필요도 없지만, 그 프로세스에는 자극이 있어야 하거든요."

"뮌헨의 학교장 중 한 명으로서, 귀하의 아이디어와 학생들 덕에 크게 고무되었습니다. 나는 우리의 모든 에너지가 뭔가를 고치는 일에 흘러들 어간다는 인상을 갖고 있습니다. 앞으로는 이 에너지를 보다 건설적인 곳에 투입할 것입니다. 단언하지만, 그렇게 되면 학생들은 물론 교사진에게도 더 좋을 것입니다."

이 행사를 계기로 2012년 1월에 뮌헨에 있는 여러 레알슐레의 주최로 400명이 넘는 사람이 참가한 행사가 하나 개최되었고, 2012년 3월에는 우리 베를린 학교(ESBZ)에서 뮌헨의 교사 50명이 참가하는 연수교육이 개최되었다. 이어서 그들은 뮌헨 레알슐레 학습문화 혁신 연구 서클을 설립했다. 그리고 가을 무렵에는 개방형 학습과정(학습방), 교사 개인지도 시스템 및 '책임' 프로젝트를 갖춘 몇몇 학교들이 출범했다. 학습방용 교재는 이들 학교가 공동 제작하여 나눠가졌다. 뮌헨의 이러한 교류 프로그램은 계속 이어지고 있다. 학교장, 교사 및 교육청 당국의 방문이 뒤따랐다.

여기에 바이에른의 한 시립 레알슐레의 사례를 소개하고자 한다. 이 학교에서는 여러 개의 학습관Lernhaus*에서 5학년부터 10학년까지 학년이 뒤섞인 각각의 그룹들이 공부한다. 학습방에서는 학생들이 매주 두 번, 총 네 시간에 걸쳐 독일어, 영어, 수학을 공부한다. 프로젝트 중심의 수업이 그런 자연과학, 언어 및 사회 분야의 중점 과목에 이어진다. 이 학교의 주된 이념은 다음과 같다.

─────────────

* 규모로 보면 학교〉학습관〉교실〉학습방의 순서이다. 큰 학교 속의 작은 학교 같은 개념으로,

학교가 시작하라

"학교는 삶과 경험의 공간이어야 한다. 우리는 그런 삶을 감당할 성숙한 인간을 만들어주고자 하며, 자신만의 새로운 길을 걸으며 사회적 책임을 질 용기를 주려 하고, 자연과학 및 기술에 대한 흥미를 일깨우고자 한다. 서로에게서 배우기, 교사들의 수업 방문, 등대 학교* 참관수업 등이 우리의 발전에 도움이 되었으며, 앞으로도 계속 학교를 변화시킬 중요한 도구로 간주한다."

바덴-뷔르템베르크에서의 변화

바덴-뷔르템베르크에서도 게마인샤프트슐레가 변화의 분위기를 타고 있다. 이렇게 될 영감을 준 작은 이야기 하나를 해보자. 2010년 2월, 주 문화부와 자치단체의 교육담당자로 구성된 위원회가 우리 베를린 학교(ESBZ)를 방문했다. 이어서 2010년 11월에는 하일브론 지역에서 두 개의 강좌가 개최되었는데, 아침 강좌에는 교사 800명이 참여했고, 저녁 강좌 또한 강의실이 가득 찬 상태에서 진행되었다. 몇몇 참석자에게는 이 행사가 마법의 순간과 연결되었다고 한다. 교사 및 교장 그룹,

---

공간에 대한 개념인 동시에 교육학적 개념이기도 하다. 학교에는 교실과 교과실이 있고, 이에 더하여 여러 학년을 포괄하는 주제별 학습공간이 별도로 마련된다. 이곳에서 교사는 여러 학년의 학생을 모아 교육하는데, 학생은 다양한 학년의 학생들과 사귈 수 있고, 교사는 특정 교과목의 학생들을 다년간 지도하게 된다. 전일제 교육의 도입과 관련되어 있으며 자세한 사항은 http://www.asr.musin.de/index.php/schule/lernhaus2 참조할 것.
** Leuchtturmschulen. 헤센 주에서 정한 일종의 분야별 중점 학교. 자연과학, 음악, 언어, 수학 등 네 개 분야에 각각 1개 학교를 등대 학교로 선정하고 관련 분야의 다양한 프로젝트 수업, 영재교육, 인근 대학과의 연계활동 등을 수행하게 한다. 이들 학교는 3년마다 새로 평가받아 지정된다.

홍보 관계자들은 다음해에도 베를린으로 왔으며, 〈변화하는 학교〉와의 워크숍은 그들의 갑갑함을 털어주었다. 교장단을 상대로 한 세미나는 계속 이어졌다. 변화의 정신이 실행되는 것이다.

"2월에 다시 와도 될까요? 교장단, 하일브론과 포르츠하임Pforzheim 지역 교육청 책임자들 및 교구 교육 담당 목사로 구성된 방문단인데, 선생님이 여기서 학생들과 함께 해주신 강연이 매우 긍정적인 인상을 주었습니다. 용기가 났습니다. 운동이 학교 발전으로 흘러들어가고 있어요. 2010년에 선생님 학교를 방문했던 사람들이 이곳 게마인샤프트슐레 설립의 엔진이랍니다!"

"내가 잠재력 전개라는 개념을 발견한 것은 몇 주 전이었습니다. 아니면 그 개념이 나를 발견한 거죠. 그리고 나는 크게 고무되었습니다. 나는 바덴-뷔르템베르크 문화부 상담역으로 일하고 있습니다. 우리가 선생님과 선생님 학교의 학생들을 교사, 교장 및 교육청 대표단이 함께 하는 큼직한 회의에 모실 수 있다면 고맙겠습니다. 선생님의 격려, 〈변화하는 학교〉 그리고 용기를 주는 선생님의 참여에 감사드립니다."

니더작센에서의 변화

2014년 1월, 고슬라 Goslar에서 열린, 총 112개 게잠트슐레의 교수법 담당교사들이 모인 회의. '가지 않으면 없다, 변화하는 학교'라는 문구가 회의장 위에 붙어 있었다. 얼마나 신명 나는 메시지인가? 영감을 불어넣어주고, 소그룹별로 토의를 하며, 아이디어를 내놓고 사람을 들뜨게 만드느라 학생들은 온종일 분주하다. 많은 교수법 담당 교사들이 불덩어리처럼 한껏 달아오르고, 연수교육팀의 대표도 마찬가지다. 참가자들이 내놓는 질문은 이런 것이다. "어떻게 하면 우리 학교가 그 불덩어리를 받을 수 있을까? 너희들이 와줄 수 있니? 우리가 갈 수는 없을까? 동료 교사들이 이 에너지를 직접 느껴봐야 해."

돌아오는 길에 이비가 아이디어를 냈다. "6월은 재능 주간이잖아. 그때는 아마 우리가 니더작센 순회강연을 할 수 있을걸."

이비는 행사 주관자에게 문자 메시지를 보냈다. 다음 날 저녁 이동경로가 완성되었다. 45개 학교가 이 행사에 함께 동참해 로드쇼를 조직했다. 학생 여섯 명이 닷새 동안 하노퍼Hannover, 브라운슈바이크Braunschweig, 북스테후데Buxtehude, 올덴부르크Oldenburg 등 네 개 도시를 도는 프로그램이다. 〈변화하는 학교〉측의 대표자 두 명은 여러 지역그룹을 하나로 묶어줄 것이다. 일이 어떻게 전개될지 모두가 흥분해 있었다.

노르트라인-베스트팔렌에서의 변화

노르트라인-베스트팔렌에서도 우리 학생들과의 왕성하고 지속적인 교류가 진행 중이다. 상호 방문, 코칭, 점검, 격려, 교재 및 경험 나누기가 이루어진다. 아헨 제4 게잠트슐레 및 아헨시민교육원Bildungswerk Aachen의 발의로 2014년 5월에는 노르트라인-베스트팔렌 주의 열 개 학교를 연결하는 네트워크가 만들어졌다. 모두 학교에서의 새로운 학습문화 및 관계문화에 관심 있던 학교들로, 지금까지 아헨 제4 게잠트슐레, 월

리히 중학교Sekundarschule Jülich*외에도 다른 레알슐레 한 곳과 합병하여 새로운 길을 가려고 하는 레알슐레 한 곳(그레벤브로흐), 새로 설립되어 2014년 여름에야 비로소 출발선에 서는 게잠트슐레(헤린스베르크-오버브루흐), 쾰른 열린학교**, 보훔의 사립 마티아스-클라우디우스 게잠트슐레, 본의 제5 게잠트슐레 그리고 운영을 통해 학교를 변화시키려고 하는 두 개의 게잠트슐레(레버쿠젠-슐레부시 게잠트슐레와 부퍼탈의 울렌달-카터른베르크 게잠트슐레) 등이 여기에 속해 있다.

2014년 4월에 온 이메일에는 다음과 같은 통찰이 담겨 있었다.

"분위기는 매우 좋았고, 계속 유지되고 있습니다. 그러다 지난 금요일에 비교적 넓은 지역에 걸쳐 퍼져 있는(보훔까지) 열 개 학교들과 첫 번째 네트워크 만남을 가졌는데, 이 학교들은 모두 '변화 중'이며 서로 견고하게 연결되기를 원하고 있습니다. 이를 위해 우리는 10월 중에 공동으로 분과 회의를 개최하여 서로 경험을 나누고 전망을 발전시켜 나가기로 합의했습니다. 여기에도 변화에 나서는 멋진 분위기가 있었고, 이미 학습방을 만들어 공부하고 있는 학교, 새로 설립되어 변화의 길을 떠나려는 학교, 운영을 통해 그런 변혁을 도모하려는 학교 등 다양하고 거대한 시스템이 훌륭하게 뒤섞여 있었습니다. 요약하자면 이곳 노르트라인-베스트팔렌에서 상당

---

* Sekundarschule. 대체로 레알슐레와 하우프트슐레를 합친 학교형태를 가리키는 명칭으로 쓰이나 지역적인 차이가 있다. 노르트라인-베스트팔렌주에서는 2011년 새로운 중등학교 형태의 하나로 이를 도입했으며, 5-10학년까지의 교육과정을 제공하지만 김나지움 과정은 없다.
** die Offene Schule Köln. 종래의 중등교육과 달리 이 책에서 말하는 것과 같은 개인의 능력 개발에 중점을 둔 중등학교 과정으로 레알슐레, 하우프트슐레, 김나지움 등 중등 전 과정을 제공한다는 점에서 게잠트슐레와 유사하나 이름을 달리 쓰고 있으며, 공립이 아니라 공익적 유한책임법인이다.

학교가 시작하라

히 많은 변화가 일어나고 있다는 겁니다."

아헨 제4 게잠트슐레는 2011년에 새로 설립된, 학년당 4학급 규모의
학교다. 여름이면 네 번째 학년이 입학한다. 그렇게 되면 5학년부터 8
학년까지의 학생들이 배우는 학교가 될 것이고, 교사진도 34명 정도로
늘어날 것이다.

학교를 설립하던 해에 우리 베를린 학교(ESBZ)를 방문한 하노 베네
만Hanno Bennemann 교장 선생님과 그의 팀은 외부의 장애학생 동행 교사
(Schulbegleiter. 주로 일반 초등학교에 다니는 장애학생을 전담해 지원하는 인
력. 교사의 범주에는 들지 않고 사회복지 내지 아동복지 업무 소관임.-역자) 알
리 뮐러(아헨시민교육원 소속)의 도움을 받아 혁신교육의 개념을 만들어
냈다. 구체적으로는 다음과 같다.

학생들은 매일 아침 학년과 상관없이 독일어, 수학, 영어, 과학 및 사
회과 학습방 및 보충이 필요한 아이들을 위한 학습방 중 하나를 골라 거
기서 두 시간 동안 공부를 진행한다. 고전적인 학과 수업은 독일어, 수
학, 영어를 각각 한 시간씩만 한다. 다른 모든 교과목은 프로젝트 수업
및 작업장 수업에 포함되어 있다. 담임교사 두 사람은 주당 세 시간의
상담시간(학업 및 일반 상담 시간) 범위 내에서 자기 학생들에게 집중하여
동행해준다. 고도의 자기 책임하에 구축되는 이러한 학습형태의 구조
적 중추가 되는 것은 로그북, 즉 항해일지다. 2013/2014학년도가 시작
된 이래 7학년 학생들은 '책임'이라는 프로젝트 수업에 참여하고 있다.
이어서 2014/2015학년도부터는 '도전 프로젝트'가 개발되고 있는데, 이
프로젝트는 2015/2016학년도의 출발과 함께 처음으로 7학년부터 9학
년까지의 학급에서 실시된다고 한다. 관심 있는 방문객들은 잘 짜인 참

관수업에 들어가 변화 과정에 대한 구체적인 정보를 얻을 수 있다.

나음은 학생, 부모, 동료 교사들 간의 분위기 및 방문객의 촌평이다.

"오랫동안 교사 생활을 하면서 그렇게 일을 많이 한 적은 없었지만, 동시에 그렇게 만족해본 적도 없습니다." (교사/여성)

"정말 멋진 점은, 내가 교사라기보다는 학생들의 학습 동반자가 된다는 사실입니다." (교사/남성)

"이 학교 안에 얼마나 많은 열정이 숨겨져 있는가를 보여주는 것은, 내 경우지만, 우리가 2014년 5월에 교사 전원과 함께 사흘간 베를린에 머물면서 그 학교 교사들과 서로 소통하고 우리의 개념을 점검하여 계속 발전시켰다는 사실입니다. 그리고 그 모든 비용을 동료 교사들이 스스로 냈다는 사실입니다." (교장/남성)

"나는 나이 든 레알슐레 교장으로서 처음으로 다른 습관을 익혀야만 했습니다. 우리가 그것을 해낼 수 있을까? 우리 학생들이 해낼 수 있을까? 하는 질문으로 밤잠을 이루지 못하며 시간을 보내기도 했습니다. 이제는 이 새로운 시스템이 종래의 그것보다 월등히 우수하다는 것을 압니다. 우리 학생들의 높은 자기 책임과 학습 발달이, 우리 선생님들의 훌륭한 동참이, 우리 학부모들의 반응이 그걸 보여줍니다." (교장/남성)

"교사가 아닌 외부자인 나라면 이 새로운 시스템을 순전히 정당방위를 위해 설치할 것입니다. 도대체 교사가 어떻게 학급 내에 있는 27명의 모든 차이를 제대로 파악한단 말입니까? 나로서는 이 새로운 학습형태가 점점 늘어나는 이질성이라는 도전과제에 대한 미래지향적 답변이라고 생각합니다." (외부의 학교발전위원)

"이전의 나는 오히려 회의적이었습니다. 왜냐하면 학생들이 자기 자신에게만 의지할 것 같다는 상상을 했기 때문이죠. 하지만 지금은 항해일지 적는 일과 학생들에 대한 집중 상담이 모두에게 필수적인 구조를 제공한다는 것을 이해합니다. 그리고 그게 정말 들어맞는다는 것을 압니다." (수업을 참관한 교사/여성)

"나라면 우리 반을 위해서 그것을 바랄 것 같아요. 이 학습방에서 아이들이 조용히 집중하여 공부하는 모습은 참 인상적입니다." (수업 참관 중이던 타 학교 교사/남성)

"내가 수업할 때 바라던 모든 것들이 전부 이루어지고 있는 것을 보니 정말 기도 안 차네요." (수업 참관 중이던 레알슐레 교장/남성)

"저는 날마다 지쳐서 직장에서 돌아오는데 우리 아들은 행복하고 만족스레 학교에서 돌아옵니다. 그런 다음 아들은 자기 학교생활에 대해 열렬히 이야기를 해주죠." (아버지)

"우리 아들은 초등학교 때까지만 해도 학교 가는 것을 좋아하지 않았습니다. 그런데 제4 게잠트슐레를 다니고 난 뒤로는 완전히 다른 아이가 되었어요. 토요일부터 벌써 다음 월요일에 학교 갈 걸 학수고대하거든요."

(아버지)

"우리 아들은 사람이 바뀐 것 같아요. 아이가 다시 놀거든요." (아버지)

2011년 새로 설립된 윌리히 중학교도 마찬가지로, 제4 게잠트슐레와의 밀접한 교류 속에서 자체적으로 꾸려진 새로운 학습형태에 희망을 건다. 이 학교를 구상할 때 무엇보다도 윌리히라는 곳이 농촌 구조를 갖고 있으며, 학교를 바라보는 기본적인 분위기가 상당히 보수적임을 고려해야만 했다. 하지만 윌리히의 부모들 또한 자기 책임을 중시하는 이 시스템에 대해 확신하고 있음을 잘 말해주는 것은 실제 등록학생의 숫자다. 이에 대한 부모의 피드백은 다음과 같다.

"조심스럽기는 하지만 우선 '진심으로 축하한다'는 말을 하고 싶습니다. 우리 아들이 변했습니다. 학교를 아주 흔쾌히 다니거든요! 가끔 자발적으로 일찍 잠자리에 들기도 하는데, 그 이유가 다음 날 아침에 재미있는 수업 과목이 있기 때문이라는 것입니다. 계속 이렇게 가기를!"

"우리 딸은 날마다 만족스럽게 집으로 돌아옵니다. 벌써 친구도 찾았고, 아침마다 학교 갈 시간을 기다립니다."

"공부시간이 따로 있어서 그때 연습을 하면 되니 숙제가 없어졌습니다. 아이와 대화를 나눌 시간을 더 많이 갖게 된 것입니다."

"우리 딸은 선생님들을 대단하다고 여기고, 여러 학습방법도 아주 잘 따

학교가 시작하라

라갑니다. 부모에게도 공부 과정이 투명하게 보입니다. 초등학교와는 달리 중학교에서는 딸아이에게 필요한 시간이 주어집니다. 아이는 더 느긋하고 만족스럽게 집으로 돌아옵니다. 우리는 딸과 마찬가지로 이 학교를 선택한 것에 절대적으로 만족합니다.”

다음은 학생들의 피드백이다.

“아주 아늑하다는 느낌이 들고, 학교가 멋져요. 친구들도 선생님들도 아주 다정하고요. 다들 저를 진심으로 대해줍니다. 어른들은 시간을 많이 내주십니다. 여기서는 배우는 게 정말 재미있어요.”

“우선 제가 그렇게 많은 결정을 내릴 수 있다는 것에 놀랐습니다. 이제는 배우는 것을 전보다 더 좋아하게 되었습니다. 여러 학습단계가 있다는 것이 좋습니다.”

이어서 수업을 참관한 교사들이 내놓은 피드백을 보자.

“그렇게 여유로워 보이는 선생님들은 이제까지 본 적이 없어요.”

“자립성을 잘 유지하고 학생들이 자기가 배운 것에 대해 책임을 지는 것. 이건 모든 김나지움 상급반(11~13학년을 말함.-역자) 교사들이 꿈꾸는 것이죠.”

수업 참관을 여러 차례 한 예비교사는 다음과 같이 말했다.

"내가 여기서 관찰할 수 있었던 것은 보통 영화나 책에만 나오던 것입니다. 그런 게 실제로 가능하다고는 한 번도 생각하지 않았습니다."

그 학교의 교장선생님이 이 예비교사에게 어떤 인상을 받았는지 글로 써달라고 부탁을 했는데, 아래 글이 그것이다.

"'그런 건 여태 본 적이 없어요!' 아마 이 말이 신생 윌리히 중학교에서 오전 시간을 참관한 분들이 내게 토로한 인상을 가장 잘 요약해주는 것 같습니다. 나는 이미 수업혁신 개념에 대해 듣고 읽은 바가 있었고 적어도 그 근대적 개념들의 여러 요소를 수업 속에서 실현하려는 시도도 물론 해보았습니다만, 대개는 실현하기 어려웠으며 종종 좌절감을 주기도 했습니다. 그런데 여기서는 어느 학습방에서 무엇을 공부하고 싶은지 그날그날의 시작 시간에 학생들이 스스로 결정합니다. 스스로 결정을 내리는 자유가 생기면서 비교가 불가능할 정도의 동기유발이 가능해졌습니다. 이런 상황에서는 고전적인 (순수) 정면수업, 즉 교사가 앞에 서서 시범을 보이고 학생은 미리 정해진 연습문제를 성공적으로 '따라하는' 방식으로 이루어지는 수업방식은 시대에 뒤쳐진 것으로 보입니다. 윌리히 중학교에서는 학생들이 훨씬 더 독자적으로, 기쁘게 그리고 성공적으로 달려들어 배우고 계획합니다. 그 외에도 스스로 의무를 다하고 자기 학습을 독자적, 양심적으로 계획하며 문서로 기록하는 일 또한 학생들의 책임입니다. 그렇게 함으로써 각자가 스스로 정한 학습목표에 한 걸음 한 걸음 가까워지고, 또 특별한 결속관계가 요구되고 장려되는 하나의 학급 공동체 속에서 함께 공부하는 것도 가능해지는 것이죠. 학급 공동체를 위해 반 학생들이 모여서 학급회의를 열고 학급 전체에 중요한 안을 두고 서로 상의하고 토론합니다. 교사들은 이 시간에도 입을 다문 채 관찰자로 머물러 있는데 저학년 반에서도 이미 상당한 수준의 민주적이고 잘 조직된 토론문화를 목격합니다. 그 수준은 성인이 모범으로 삼을 수도 있을 정도입니다. 그런 소통 구조는 학생들을 책임의식이 있고 관대하며 우리 사회가 필요로 하는 성숙한 시민으로 키워줍니다."

브란덴부르크에서의 변화

브란덴부르크 교육부와 〈변화하는 학교〉는 2012년 가을부터 매우 긴밀한 협력관계를 맺고 일하고 있으며, 여기에는 주립 베를린-브란덴부르크 학교 및 매체 연구소(LISUM)도 함께하고 있다. 2012년 가을 개막 회의에는 모든 학교 및 교육청의 대표자들이 초청되었다. 모든 교육청 관할지역에서 맞춤식 연수교육 및 비전 만들기 워크숍이 열렸으며, 노련한 진행자들이 이를 지원해주었다. 주州 전역을 대상으로 하는 2차 회의의 주제는 "학교가 한 단계 더 나아가려면 구체적으로 무엇이 있어야 하는가?"였다. 이런 과정은 지속적으로 이어졌는데, 〈변화하는 학교〉 측은 자료를 개발하고, 현장에서 동행해준다. 이 과정은 아주 제대로 흘러가고 있다. 다음은 브란덴부르크 주에 있는 한 공립 게잠트슐레의 이야기다.

"우리는 포용의 길을 가고 있습니다. 우리 학교에서는 수년 전부터 장애아와 비장애아들이 함께 배우도록 하고 있습니다. 이런 변화과정의 출발점은 2012년 주립 베를린-브란덴부르크 학교 및 매체 연구소의 학회였습니다. 그때 우리는 학교가 변해야 함을 감지했으며 다른 사람들도 길을 나서고 있음을 알게 되었습니다. 우리 혼자만 다른 길을 가는 게 아닙니다. 주 교육부와 〈변화하는 학교〉의 지원이 없었다면, 지금쯤 포기했을 것입니다. 이제 저는 혼자가 아니라는 것, 거기서 엄청나게 많은 힘을 얻고 있음을 알고 있습니다. 우리는 교사, 부모 및 학생으로 구성된 학교 발전을 위한 연구그룹을 하나 갖게 되었고, 교사 중 80%가 이런 변화를 뒤에서 받쳐주고 있습니다."

때로는 부모들이 먼저 활동을 시작하기도 한다.

"나는 김나지움의 학부모 대표입니다. 4월에 친구 하나가 교육 관련 행사에 가자고 나를 꼬드겼습니다. 그때만 해도 '이런 학교교육 혁신 행사에 왜 또 가냐고!'라고 생각했습니다. 그런데 가보았더니 무대 위에 여학생들이 올라가 있는 것입니다. 그 순간 '우리 아이도 저래야 해! 바로 저거야! 저렇게 환하고 자유롭고 행복하고 설득력 있으며 자기 자신과 자기 학교에 대한 확신에 차 있는 저런 아이들이야말로 우리의 미래라는 생각이 번개처럼 스쳐갔습니다. 그건 진정한 '그래, 바로 그거야'라는 체험이었습니다. 그 순간 깨달았죠. 이제 밖으로 나가 우리 학교를 움직이는 시도를 해야 한다는 걸요. 우리 아이들을 위해서."

〈변화하는 학교〉의 독일 내 지역그룹

〈변화하는 학교〉의 지역그룹은 서른 개 이상이 구성되어 있으며,

저마다 잠재력을 펼치는 학교를 실현하기 위해 현장에서 뛰고 있다.

"변화하는 학교 측의 연차보고서를 입수했을 때, 나는 '이것(학교에서 뭔가를 움직이는 것)이야말로 바로 내가 하고 싶었던 거야!'라고 생각했습니다." (하노퍼에서 온 야니네. 그녀는 이후 하노퍼 지역그룹을 만들었다.)

"나는 빗첸하우젠Witzenhausen 인근에 있는 루트비히슈타인 성Burg Lutwigstein에서 열린 〈변화하는 학교〉 지역그룹과의 만남을 마치고 매우 고무된 상태로 카셀에 돌아왔습니다. 로슈토크에서 뉘른베르크, 쾰른에서 베를린까지 독일 전역에서 모여든 열렬한 지역그룹 회원을 만나는 것은 너무나 신나는 일이었습니다." (뮌헨에서 온 토마스)

"나는 그룹 및 대중에 관한 경험을 지역그룹의 다른 사람들과 함께했습니다. 평범한 초등학교에 다니는 1학년 아이의 엄마였던 나는 지역 그룹에서의 경험을 통해 아들이 학교 때문에 짜증을 내고 저항을 할 때 아이를 더 잘 이해할 수 있게 되었습니다. 우리 아이가 일차적으로 하나의 집단에 편입되어 성과를 내야 하는 존재로만 간주될 뿐, 다양한 측면의 욕구 및 잠재력을 지닌 인격체로 취급되지 않는다는 사실을 알게 되었기 때문입니다. 나는 아이의 인성을 키워주거나 학교생활과 관련하여 도움을 주거나 아이에게 도전과제를 던져 그것을 극복하게 함으로써 힘을 키워주는 일을 어떻게 할 수 있는지를 훨씬 더 잘 판단할 수 있게 되었습니다. 또한 아이가 자기 인격적 완전성을 유지하면서도 자신감을 잃지 않도록 하려면 언제쯤 전학을 시켜야 할지도 이제는 알 수 있을 것 같은 느낌입니다. 선생님들과 대화를 나누다 보면 내가 똑같이 존중받는다는 느낌이 들고, 이를 바탕으로 감수성이 예민한 우리 아이를 대하는 방식에 관한 나의 조언을 선생님들이 고맙게 받아들여 실행하신다는 게 느껴집니다. 덕분에 나는 몇몇 선생님이 갖는 무력감을 잘 이해할 수 있었습니다." (호호타우누스에서 온 베티나)

독일을 넘어 해외로

오스트리아도 변화하고 있다. 오스트리아의 〈변화하는 학교〉는 2014년 2월 출범했다. 교류는 이미 20개의 영감靈感을 주는 장소와 100개가 넘는 학교로 확대되고 있는데, 그중 다수가 이미 우리와 같은 길에 들어서 있다. 지역의 교육위원 몇몇이 동참하여 이 시스템을 바탕으로 작업을 진행하고 있다.

디지털을 활용한 변화

학생이 교사와 상담을 할 때 스카이프를 사용해서는 안 될 이유가 무엇이 있겠는가? '책임'이라는 프로젝트 수업을 도입하려고 하는 예나Jena의 한 학교에서는 다음과 같이 말한다. "다음 주에 우리는 '책임' 프로젝트의 도입 여부를 결정할 겁니다. 이를 위해 부탁을 하나 하려고 합니다. 학생 두세 명이 스카이프를 통해 우리 교사회의에 참여해줄 수 있을까요? 우리는 아직 물어볼 것도 많고, 회의적인 사람도 있어서요." 또한 회의가 끝난 후에는 이렇게 말했다. "우리가 할 수 있었던 최선은, 이론을 가지고 이런저런 토론을 하는 게 아니라 학생들을 회의석상에 데려오는 것이었습니다. 고맙습니다. 스카이프라는 우리의 시도는 대성공이었습니다!"

'우리 학교를 바꾸는 길라잡이Meine Schule transform:eren. Ein Reiseführer'라는 주제로 www.iversity.org에서 진행되는 MOOC, 즉 대규모 공개 온라인 강좌도 있다. (현재 이 강좌는 해당 사이트에서 검색되지 않음.-역자) 이 강좌에서는 주로 다음과 같은 내용을 다룬다.

- 스스로 변화 만들어내기
- 사람들을 이해하고 이끌기
- 잠재력 전개에 대한 이해 심화하기
- 스스로 시작하기와 동맹관계 맺기
- 협력관계 만들기

행동과제와 성찰과제는 제공되는 지식과 어우러져 곧장 행동으로 이어지고, 나아가 경험으로 바뀐다. 삼천 명 넘는 사람들이 참가 신청을 했다. 대다수 일반적인 온라인 강좌의 다섯 배가 넘는 사람들이 적극적으로 참여하고 있는 것이다. 다음은 강좌에 참여했던 사람들이 성찰한 내용의 일부이다.

"나는 어두운 구멍 속에 갇혀 있었습니다. 포기하기 직전이었지요. 하지만 이 강좌를 통해 조심스럽게 한 걸음 한 걸음 구멍에서 나올 수 있었습니다. 혼자라는 느낌이 전혀 들지 않았어요. 같은 생각을 가진 사람을 볼 수 있었고, 내가 소속된 팀 안에도 도움을 주는 이가 있었으니까요. 그러나 무엇보다도 중요한 것은 내가 용기와 단호함을 되찾았다는 사실입니다. 참으로 소중한 일이죠. 고맙습니다!"

"학교 혼자서 굽은 걸 다시 펼 수는 없습니다. 우리 아이들이 자신의 능력을 어디까지 펼칠 수 있는가는 그것을 바라보는 우리 자신의 내면적 태도에 달려있습니다. 아이들은 무의식중에 우리를, 어른을 본받기 때문입니다. 설령 겉으로는 달리 살아간다고 해도, 그들이 본받은 모습은 무의식의 세계에 내적 갈등의 소재로 잔재해 있습니다. 이렇게 웹상에서 세미나를 열어주셔서 고맙습니다. 많은 사람이 이토록 끌렸다는 것이 나로서는 너무 멋진 일이다 싶네요. 다만 내가 바라는 것은 우리 스스로가 시작하는 것입니다. 열쇠는 거기에 있으니까요."

기업도 영감을 얻는다

2012년 기업가정신 정상회의Entrepreneurship Summit 2012에서 학생 네 명이 1,500명의 청중 앞에서 주제발표를 하고 기립박수를 받았다.

경제 및 학술 분야의 핵심 인물들을 위한 포럼이자 싱크탱크 중 하나인 고잉 서클(Der Goinger Kreis. 2004년 대기업 인사담당자들의 모임으로 시작한 모임으로 인사, 노동, 고용, 교육 등의 문제를 토론하고 연구한다.-역자)의 창립 10주년 기념 대회에서도 주제발표를 했다. 여기서도 반응은 마찬가지였다. "이건 널리 퍼져야 해. 우리가 뭘 해줄 수 있을까?"

독일 철도공사Deutsche Bahn의 서부 구매부는 직원들을 위한 코칭 파트너로 삼을 학생을 미리 섭외해둔다. 공사가 주관한 '혁신과 혁신문화'라는 주제의 대회에서는 7학년부터 12학년까지의 남녀 학생 총 열두 명이 각각 기업경영자 25명이 참여하는 두 개의 워크숍을 진행했다. 주제는 '관계문화-리더십-신뢰'였다.

유럽 리더십 아카데미European Leadership Academy에서는 학생들이 '디자인 씽킹Design Thinking'이라는 방법에 대한 통찰을 제공했다. 아이들은 창의력 코치의 자격으로 참여하여 종래의 케케묵은 해결책에 완전히 새로운 관점을 부여해주었다.

이에 대한 몇몇 피드백을 소개해보고자 한다.

"처음에는, 네, 회의적이었죠. 하지만 이제는 마음이 후끈 달아올라 있습니다. 푹 빠진 거죠."

"얼마나 빠르게 속 깊은 대화에까지 이르렀는지 모릅니다. 우리끼리 있었다면 일어날 수 없었던 일이죠."

"어린 아이가 내 눈을 똑바로 들여다보면 더 이상 빙빙 돌려 말할 수가 없습니다. 아니, 그래서는 안 되는 거죠."

"우리가 같은 눈높이에서 서로 존중하며, 아주 진지한 대화를 나눴습니다. 정말 인상적이었습니다."

"저번 일요일, 나는 귀교貴校학생들이 기업가 정신 정상회의에서 행한 강연을 듣는 행운을 누렸습니다. 그리고 선생님께 전하고 싶었습니다. 그건 내가 오랫동안 들은 강연 중에서 가장 의미 있는 것이었다는 걸요!"

다음은 기업인 단체 측에서 행한 점심 강연 내용의 일부이다.

"너희들 앞에는 좀처럼 감동을 받지 않는 청중이 앉아 있었다. 수백 명
의 직원을 지휘하는 기업가들이지. 그분들은 회의에 참석하기 위해 전 세
계를 날아다니며, 때로는 직접 무대에 오르기도 하는 분들이다. 그런데 너
희는 이런 청중으로부터 10점 만점에 평균 9.9점이라는 점수를 얻었단다.
전에도 이런 일이 있었는지는 모르겠구나. 다만 확실한 것은 너희들이 우
리를 완벽하게 쓰러뜨렸다는 거야. 놀라울 정도로 고무적이었고, 이건 반
드시 널리 퍼져야만 한다."

대학도 마찬가지

12월 어느 날, 아침 9시 15분.

잘츠부르크 교육대학Pädagogische Hochschule Salzburg의 계단실은 흔히 볼
수 없는 만남의 장소가 되었다. 열세 살에서 열여섯 살 사이의 남학생
총 열두 명, 여성 교사 한 분 그리고 교장선생님이 52명의 교수 및 강사
와 만났다. 교육대학의 요제프 잠플Josef Sampl 총장의 초청에 따른 모임
이었다. 새롭게 생각하기는 어디서든 시작할 수 있다. 학교에서든, 교
사 양성 세미나에서든, 대학에서든. 어디든 상관없다. 너른 계단 위에
있는 사람들이 문구 하나를 두고 1부터 4까지의 숫자 중 하나에 가서 줄
을 선다. 4는 완전히 동의한다는 뜻이고, 1은 전혀 동의하지 않는다는
뜻이다. 소그룹 안에서는 왕성한 의견교환이 이루어진다. "교사 양성에
는 여러 가지 학습포맷이 필요합니다. 대학생들이 실제 삶속의 여러 도

전과제를 극복하고, 시민사회에 동참하며, 자신의 경험을 성찰하도록 하는 포맷이죠." 거의 모든 사람의 평가가 4점이며, 3점짜리도 몇 개 있다. 1점과 2점을 준 사람은 한 명도 없다. 그러나 이것은 희망사항이다. 이제 실제의 이야기를 해보자. 이 문제에 대해 실제 잘츠부르크 교육대학은 어떤 모습을 보여주는가? 계단에서 움직임이 일어난다. 거의 모든 사람이 1점 가서 서 있다. 잠시 의견교환을 하고 나서 다음 질문으로 넘어간다. 다시 토론이 활기차게 벌어진다. 총 여섯 개의 질문 중 마지막은 이것이었다. "학습문화의 급격한 변화, 우리 교육, 우리 학교에 변화과정이 있어야 한다. 옛것을 통한 개혁은 우리를 오로지 옛 틀 안에만 붙잡아둔다는 느낌이 든다." 거의 모든 사람이 4점에 가서 섰다. 그다음 이어진 "급격한 변화를 위해 개인적으로 용기를 내어 나서겠는가?"라는 질문에는 많은 이들이 3점이나 2점으로 이동했다. 어느 숫자에 가서 설 것인가 결심하는 데에는 용기가 필요하다. 얼음은 깨졌고, 신뢰는 다져졌다. 모두가 정신적으로 이 주제 안에 들어와 있다. 두 번째 집중의 날이 이어진다. 어떻게 이 회의에 이르게 되었는가? 첫 불을 당기고 바람을 불어넣은 것은 잠재력 전개 및 교사 양성에 관한 게랄트 휘터의 강연이었다. 그리고 총장은 익숙지 않은 무대장치로 가보는 용기를 갖고 있었다. 그래서 우리 학생들을 초청한 것이다. 당사자인 아동과 청소년 이외의 그 누가 전문가일 수 있겠는가 싶었기 때문이다. 그리하여 그 믿을 수 없는 일이 일어난 것이다. 우리 학생들은 이틀 동안 소그룹 활동을 통해 집중적인 의견교환을 하며 대학교수들의 마음속에 그간 내동댕이쳐져 있던 비전을 다시 일깨우는 데에 성공했다. 아이들의 열정은 빛을 발했으며, 그들의 진정성은 설득력을 가지고 있었다. 몇몇 교수들은 깊은 감동을 받기도 했다. 마법의 순간이었던 것이다.

"훌륭한 음악회에 가면 등줄기가 서늘해지는 때가 있는 것처럼, 오싹하고 따뜻해지고, 뜨겁다가도 얼음장처럼 차가워지는 일이 자주 일어났죠. 무언가가 움직인다는 것을 알아채면 대개 그렇게 됩니다."

"이미 오래전부터 마음에 품고 있던 생각들이 표현되는 것 그리고 무엇보다도 변화, 지속적인 변화가 모든 측면에서 생겨나는 걸 지켜보는 일은, 한마디로 경이롭습니다. 그 회의는 대학을 위한 한 조각 희망입니다. 내게도, 손자들에게도 말입니다."

그리고 총장님은 교내 게시판에 이렇게 썼다.

"이 아이들은 우리를 놀라게 했고 호기심을 갖게 만들었으며 무엇보다도 우리를 열광하게 했습니다. 토론그룹을 이끌었고 새로운 학습 및 자신들이 지닌 여러 가치를 전수해주었으며 질문을 말끔히 해결해주었고, 거대한 에너지와 자신감을 내뿜었습니다. 수많은 비판적 청중 앞에서도 주눅들지 않고 자유롭게 말하고 토론했습니다. 미리 준비한 원고도 없이 말입니다. 그들은 이야깃거리를 갖고 있었으며 자신 있게 말할 용기를 갖고 있었습니다."

이후 잘츠부르크 교육대학은 '새로운 교사 양성'의 모델을 만드는 일에 착수했는데, 이 시도에는 '책임'과 '도전'의 원리가 확고한 중심으로 자리를 잡고 있다.

학교가 시작하라

그리고 이제는?

"한마디로 말하면, 우리는 누구나 가능성을 붙잡을 수 있다. 누구나 세상을 변화시킬 수 있다는 가능성이다. 비록 아직은 대단찮고 힘없는 존재라 해도 말이다. 누구든 그 출발점은 자신이어야 한다. 만약 모두가 다른 누군가를 기다린다면 모든 사람이 헛되이 기다리게 될 것이다."

- 바츨라프 하벨

여러분의 변화는 어떤 모습인가? 바츨라프 하벨의 말마따나 변화를 위한 자기효능감, 희망 그리고 용기가 여러분 자신에게도 있음을 믿기 바란다!

부록

감사의 말

〈변화하는 학교〉는 새로운 학습문화를 위해 나선 수많은 사람들, 기관, 운동 덕분에 생겨날 수 있었다. 특히 학습방을 고안하고 도입한 함부르크의 막스 브라우어 슐레와 빈터후데 슈타트타일슐레*, 카셀 레포름슐레**와 비스바덴의 헬레네-랑게-슐레***, 그리고 사회적 관심 속에서 스스로 결정하는 학습과 잠재력 전개가 어떻게 가능한지를 보여준 도르트문트의 클라이네 킬슈트라세 초등학교Grundschule Kleine Kielstraße Dortmund나 수십 년 전부터 포용과 잠재력 전개의 문화를 실천하고 있는 괴팅겐의 게오르크 크리스토프 리히텐베르크 통합 게잠트슐레**** 같은

---

* Stadtteilschule Winterhude. 2010년 함부르크에서 학교개혁의 일환으로 처음 도입된 학교 형태로, 레알슐레, 하우프트슐레, 게잠트슐레를 대체한다. 일반적인 경우와 달리 초등학교 4학년 이수 후 김나지움과 슈타트타일슐레 중 하나를 선택할 수 있다. 또한 8년제 김나지움과는 달리 이 슈타트타일슐레에서는 9년제 김나지움 교과과정도 이수할 수 있고, 그 외에도 레알슐레, 하우프트슐레 교과과정의 이수도 가능하다.

** Reformschule Kassel. 1988년 설립된 시범적 혁신학교로, 혁신적 모델 개발, 수업방법 점검, 교재 개발, 학교 구조 개발 등을 장기간에 걸쳐 연구한다. 초중등 과정을 통합하여 10학년까지의 교육과정을 제공하고, 전일제 수업에 학년을 섞은 수업도 진행한다.

*** Helene-Lange-Schule Wiesbaden. 1995년 헤센 주로부터 시범적 혁신학교로 지정됨.

**** IGS: Integrierte Gesamtschule Göttingen. 레알슐레, 하우프트슐레, 김나지움의 3개 학교를 통합한 게잠트슐레에는 통합integriert학교와 협력kooperativ학교의 두 가지가 있는데, 전자는 3개 교육과정이 과목별로 구분되는 반면 후자는 학급별로 구분된다. 말하자면 레알슐레반, 김

탁월한 학교들의 도움이 컸다. 또한 70년대에 이미 미래를 감당할 수 있는 교육을 만들자고 주장한 로마클럽*, 미래 아카이브Archiv Zufunft, 학교 연합인 '담장 너머를 보는 눈길Schulverbund Blick über den Zaun', 사단법인 버디**, 로마클럽에 속한 학교들, 독일 학교상 아카데미*** 및 문화교육 네트워크Netzwerke der Kulturellen Bildung의 영향도 컸다. 우리에게 탁월한 영감을 준 몇몇 인물도 언급하지 않을 수 없다. 유타 알멘딩거Jutta Allmendinger, 요아힘 바우어Joachim Bauer, 볼프강 에델슈타인Wolfgang Edelstein, 오토 헤르츠Otto Herz, 게랄트 휘터Gerald Hüther, 라인하르트 카를Reinhard Karl, 울리케 케글러Ulrike Kegler, 엔야 리겔Enja Riegel, 주자네 투른Susanne Thurn, 아네마리 폰 데어 그뢰벤Annemarie von der Groeben 그리고 일일이 거명할 수 없는 수많은 용감한 교사들과 학교의 변화를 감행하는 교장 선생님, 지원해주고 격려해주는 학교 감독관청의 결정권자, 자기 아이들이 시대의 도전과제에 맞는 교육을 받을 수 있도록 전력을 다해 헌신하는 부모들, 마지막으로 당연히 열정과 참여정신을 갖고 어른과의 대화에 나서는 학생들이 그러하다. 학계, 경제계, 재단 및 언론계의 수많은 후원자도 잊어서는 안 될 것이다. 이들은 우리 학교를 잠재력 전개의 장소로 변화시키는 일에 온 힘을 다해 동행하고 있다.

나지움반 등이 따로 있다는 뜻. 다만 체육 과목 등은 이런 구분 없이 함께 수업이 이루어진다.
* 독일 로마클럽회Deutsche Gesellschaft Club of Rome는 1978년 설립되었으며 로마클럽의 기본 정신에 부합하는 학교를 로마클럽 학교로 지정하고 이들 학교간의 네트워크를 구축, 유지해왔다. 위의 학교 중 헬레네-랑게-슐레와 막스 브라우어 슐레도 이에 포함된다.
** BuddY E.V. 아동과 청소년의 능력 및 잠재력의 계발을 목표로 하는 단체. 현재는 EDUCATION Y Bildung. Gemeinsam. Gestalten으로 개명된 상태이다.
*** Akademie des Deutschen Schulpreises. 보슈 재단 및 공영방송사 등이 탁월한 교육성과를 올린 학교에 주는 상으로 2006년부터 시작되었다. 15개 후보 중 6개교를 선정, 시상하고 그 중 한 학교에 본상을 수여한다.

이 모든 분께 진심으로 감사의 뜻을 전한다. 다수의 이런 참여를 통해서 더불어 나아가야만 〈변화하는 학교〉는 그 비전을 현실로 바꿀 기회를 가질 수 있을 것이다.

주

1 Wippermann, Katja, Wippermann, Carsten, Kirchner, Andreas: *Eltern-Lehrer-Schulerfolg. Wahrnehmungen und Erfahrungen im Schulalltag von Eltern und Lehrern*(『부모-교사-학교성적. 부모와 교사는 학교의 일상에 대해 무엇을 지각하고 경험하는가』), Stuttgart 2013.

2 같은 책, 9쪽.

3 같은 책, 3쪽.

4 같은 책, 6쪽.

5 같은 책, 17쪽.

6 Rainer Maria Rilke: *Sämtliche Werke in zwölf Bänden.*(『릴케 전집 12권본』) Herausgegeben vom Rilke-Archiv in Verbindung mit Ruth Sieber-Rilke. Frankfurt/M. 1975.

7 Edgar Faure u. a.: *Wie wir leben lernen, der Unesco-Bericht über Ziele und Zukunft unserer Erziehungs-programme*(『우리는 살아가는 법을 어떻게 배우는가. 우리 교육 프로그램의 목표와 미래에 대한 보고서』), Hamburg 1973.

8 Aurelio Peiccei, James W. Botkin, Mahdi Elmandjra, Mircea Malitza: *Das menschliche Dilemma. Club of Rome. Zukunft und lernen*(『인간의 딜레마. 로마클럽. 미래와 학습』), München 1979.

9 Jacques Delors: *Lernfähigkeit: Unser verborgener Reichtum, UNESCO-Bericht zur Bildung für das 21. Jahrhundert*(『학습 능력: 우리의 감춰진 부(富), 21세기 교육에 대한 유네스코 보고서』), Neuwied 1997.

10 Portal Bildung für nachhaltige Entwicklung(지속 가능한 발전을 위한 교육): www.bne-portal.de

11 Aus der OECD-Studie von 2005. *Definition und Auswahl von Schlüsselkompetenzen* (『핵심 능력의 정의와 선별』). Zusammenfassung, S. 10.

12 Angela Merkel (Hg.): *Dialog über Deutschlands Zukunft*(『독일 미래에 대한 대화』), Hamburg 2012.

13 Wippermann, Katja, Wippermann, Carsten, Kirchner, Andreas: *Eltern - Lehrer - Schulerfolg. Wahrnehmungen und Erfahrungen im Schulalltag von Eltern und Lehrern*(『부모-교사-학업성적. 부모와 교사는 학교의 일상에 대해 무엇을 지각하고 경험하는가』), Stuttgart 2013.

14 Jacques Delors: *Lernfähigkeit: Unser verborgener Reichtum, UNESCO-Bericht zur Bildung für das 21. Jahrhundert*(『학습 능력: 우리의 감춰진 부(富), 21세기 교육에 대한 유네스코 보고서』), Neuwied 1997.

15 *Agenda 21, Konferenz der Vereinten Nationen für Umwelt und Entwicklung*(환경과 개발을 위한 유엔 회의), Rio de Janeiro, Juni 1992, Kapitel 25, S. 281. Im Web: http://www.org/depts/german/conf/agenda21/agenda_21.pdf

16 http://www.ted.com/talks/sugata_mitra_build_a_school_in_the_cloud#t-444758

참고 웹사이트

이 책에 대한 배경지식 및 연구 관련 사이트
www.schule-im-aufbruch.de/buch

〈변화하는 학교〉 사이트
www.schule-im-aufbruch.de

남다른 학교와 연관된 사이트
http://blog.schule-im-aufbruch.de/schulen-im-netzwerk/
www.schulen-der-zukunft.org
http://schulpreis.bosch-stiftung.de

〈변화하는 학교〉 지역그룹 사이트
http://blog.schule-im-aufbruch.de/regionalgruppen- im-netzwerk/

기타 단체

http://www.buddy-ev.de/home/
http://www.blickueberdenzaun.de/
http://www.archiv-der-zukunft.de/
http://www.bildungsstifter.de/
http://www.bosch-akademie.com/
http://kreidestaub.net/

학교가 시작하라

역자 후기

독일 유학시절, 내가 다니던 대학교 도서관에서는 매년 한두 차례 소장도서를 싸게 처분하는 행사를 벌였다. 책을 품어야 할 도서관이 책을 내치다니…. 의아심과 호기심에 매물로 나온 책을 둘러보니 교육학 분야 도서가 많았다. '아하, 교육학이란 정답, 정설이 없는 학문이로구나! 시효 지난 교육이론은 보존할 필요가 없는 거야.' 그 황당한 사건(!)을 나는 그렇게 이해했다.

사실 법률과 더불어 교육은 기존 질서의 유지 및 전수를 목표로 하는 대표 분야로, 본질상 보수적일 수밖에 없다. 그런데 언제부턴가 창의성 교육이라는 말이 슬금슬금 쓰이더니 이제 창의성은 교육으로 달성해야 할 핵심 역량으로 간주된다. 보수성을 근본 자질로 삼는 교육이 창의성을 키워줄 수 있을까?

그러나 이 책을 보니 그것이 불가능하지는 않겠구나 싶다. 그 핵심은, 교사가 앞에서 가르치고 학생이 배우는 방식이 아니라, 학생 스스로 뭔가를 실행하고 경험하게 하는 것이었다. 물론 여기에는 기존의 엄격히 정해진 틀의 완화 내지 해체가 전제되어야 한다. 수업 시간, 수업 공간, 수업방식, 교사의 역할 등 모든 것에 대한 인식 전환이 수반되어야 하는 것이다. 창의성은 끊임없이 새로운 것을 시도하는 과정에서 자라나기 때문이다.

　우리보다 교육 여건이 크게 나을 것 같은 독일에서도 자녀 교육에 대한 걱정이나 교육에 대한 불만은 마찬가지로 존재한다. 하지만, 이 불만이 결국 교사를 필두로 한 교육공동체 구성원의 고민과 노력을 거쳐 이 책에서 소개된 교육혁신으로 이어졌다. 우리나라에도 이렇게 고민하고 새로운 길을 모색하는 교육자들이 당연히 적지 않을 것이다. 다만 아이들의 행복한 학창시절보다는 오히려 성적에 방점을 찍는 부모들이 독일보다 더 많으리라는 합리적 추정은 이들 교육혁신가에게 극복하기 만만찮은 불리한 여건일 것이다.

　책을 검토하고 번역하는 내내 잠재력 전개, 다양성 존중, 21세기의 교육, 비전, 점수 벗어나기 따위의 표현들에는 시큰둥했다. 내 눈을 사로잡은 것은 저자가 열거한 여러 혁신학교의 사례들이었다. 그곳 학생들은 단어를 외우고 수업 내용을 받아 적는 수동적 존재가 아니라, 뭘 배울지 스스로 선택하고 프로젝트 수업을 처음부터 끝까지 이끌어가는 주체이며, 그런 자기네 학습법을 강사가 되어 교육전문가와 기업인 등을 상대로 강연하는 능동적 학습자다. 교실은 가정과 마을로 확대되고, 부모와 이웃도 교사가 된다.

　누구나 예감하듯 21세기의 세상은 지금까지와는 크게 다를 것이며 따라서 교육도, 교사 및 학교의 역할도 이에 따라 변할 것이다. 저자는 일찌감치 이를 간파하고 교육혁신을 실천하고 전파했다. 독일 인구 중 10%가 넘는 외국인도 교육적 고민거리를 던져줌으로써 저자의 교육혁신에 기여했을 것이다. 순수의 시대는 저물고 다양성의 시대가 온다. 지구촌 시대에 인종과 국적은 무의미하다. 관건은 어떻게 다양한 사람들이 서로 존중하며 어울려 살아가고, 함께 힘을 합쳐 인류에게 닥치는 문제를 해결하게 할 것인가 하는 것이다. 따라서 교육의 중점도 변화가 불가피하다.

또 교육혁신은 '할 수 있다'에 대하여 '왜 해야 하는가'로 맞서는 일이기도 하다. 지금까지 과학기술의 축적은 끊임없이 가능성을 추구하여 많은 성과를 이루었지만 그 대가로 우리는 전쟁, 핵 위협, 환경파괴 등의 부작용을 감수해야 했다. 앞으로도 이런 흐름을 막기는 쉽지 않겠지만, 그래도 이제 21세기에는 '왜'라고 질문함으로써 그런 움직임에 최소한의 제동을 거는 사람이 있어야 한다. 저자가 '책임감'을 중요 교과목으로 보는 이유도 여기에 있을 것이다.

모두가 1등을 원한다. 나는 전교생 수만큼 1등이 나오는 학교를 꿈꾼다. 그런 학교가 많으면 좋겠다. 교과목 성적의 합산만이 유일한 평가 척도일 수는 없다. 아니, 21세기에는 그래서는 안 된다. 누구나 어디에선가 1등을 할 수 있는 학교. 그 길을 저자가 보여준 것 같다.

교육이 지닌 힘을 보여준 저자에게 감사와 경의를 표하며, 이 책의 내용이 우리의 교육혁신가들에게 작은 도움이라도 되었으면 좋겠다. 그리고 이 책의 첫 독자가 되어준 아내 효정에게도 한 줄 감사의 뜻을 전한다.

류동수

학교가 시작하라

초판 1쇄 발행   2019년 8월 6일
초판 2쇄 발행   2021년 11월 30일

지은이 마르그레트 라스펠트 • 슈테판 브라이덴바흐
옮긴이 류동수

발행인 김병주
COO 이기택 **CMO** 임종훈 **뉴비즈팀** 백헌탁, 이문주, 김태선, 백설
행복한연수원 배희은, 박세원, 이보름, 반성현
에듀니티교육연구소 조지연 **경영지원** 박란희
편집부 이하영, 최진영 **디자인** 최선영

펴낸 곳 (주)에듀니티
도서문의 070-4342-6110
일원화 구입처 031-407-6368 (주)태양서적
등록 2009년 1월 6일 제300-2011-51호
주소 서울특별시 종로구 인사동5길 29 태화빌딩 9층
출판 이메일 book@eduniety.net
홈페이지 www.eduniety.net
페이스북 www.facebook.com/eduniety
인스타그램 www.instagram.com/eduniety/
          www.instagram.com/eduniety_books/
포스트 post.naver.com/eduniety

ISBN 979-11-6425-032-5 (13370)
값은 뒤표지에 있습니다.

문의하기

투고안내